beck'sche reihe

DAS JAHRTAUSEND

bsr

Die Serie „Das Jahrtausend“ der Frankfurter Allgemeinen Zeitung führt durch die Spiegelungen und Vorspiegelungen der Vergangenheit von zehn Jahrhunderten. Auf dieser Reise durch die Zeit folgt der Leser dem einzelnen Lebenslauf und der Kette der Ereignisse, er begegnet Kunst und Literatur, trifft auf Ängste und Hoffnungen vergangener Epochen und lernt den Alltag in Krieg und Frieden kennen. Wer zu erfahren wünscht, was jetzt ist, erhält die Antwort in dem, was einmal möglich war.

Michael Jeismann, geb. 1958, promovierte im Fach Geschichte an der Universität Bielefeld bei Reinhart Koselleck und ist seit 1993 Redakteur der Frankfurter Allgemeinen Zeitung. Zu seinen Veröffentlichungen zählen u.a.: Das Vaterland der Feinde. Studien zum nationalen Selbstverständnis und Feindbild in Deutschland und Frankreich 1792–1918, Stuttgart 1992, sowie der Sammelband Mahnmal Mitte. Eine Kontroverse, Köln 1999.

Das 11. Jahrhundert

Kaiser und Papst

Herausgegeben von
Michael Jeismann

Verlag C. H. Beck

Mit 10 Abbildungen im Text

Die Deutsche Bibliothek – CIP-Einheitsaufnahme

Das 11. Jahrhundert : Kaiser und Papst / hrsg. von Michael Jeismann. – Orig.-Ausg. – München : Beck, 2000
(Beck'sche Reihe ; 4111 : Das Jahrtausend)
ISBN 3 406 45611 1

Originalausgabe
ISBN 3 406 45611 1

Umschlagentwurf: +malsy, Bremen
Umschlagabbildung: Otto III., König und Kaiser 980–1002, Huldigungsbild, Reichenauer Buchmalerei, Ende 10. Jahrhundert; Photo: AKG, Berlin

Satz: Kösel, Kempten
Druck und Bindung: C. H. Beck'sche Buchdruckerei, Nördlingen
Gedruckt auf säurefreiem, alterungsbeständigem Papier
(hergestellt aus chlorfrei gebleichtem Zellstoff)
Printed in Germany

Inhalt

Vorwort

Goethe nicht bloß zu feiern, sondern sich seinen Ansprüchen zu stellen, ist angesichts der bevorstehenden Jahrhundert- und Jahrtausendwende keine Pflicht – aber eine Verlockung. So virtuell der chronologische Sprung, vor dem wir stehen, auch sein mag: Bevor wir die Grenze überspringen, schauen wir noch einmal zurück. Aber wie weit wollen wir blicken? Woran erinnert werden? Will man überhaupt noch etwas entdecken nach den Qualen der Geschichte? Goethe befand im west-östlichen Divan: „Wer nicht von dreitausend Jahren/Sich weiß Rechenschaft zu geben,/Bleib im Dunkeln unerfahren,/Mag von Tag zu Tage leben."

Die dreitausend Jahre entsprechen in etwa dem Zeitraum der Schriftkultur des Okzidents. Allerdings hatte Goethe die Beschleunigung der Zeit seit dem achtzehnten Jahrhundert noch nicht völlig eingerechnet, durch die wir uns immer schneller von der Vergangenheit fortbewegen. Eine Beschleunigung, deren Fliehkräfte das Wissen auseinandergedehnt haben. Der Kanon des Wissens und des Wissenswerten zerbrach. Und seitdem es diese Zentralablage im Sekretariat der Menschheit nicht mehr gibt, hat die Erinnerung sich ihren Weg immer wieder neu zu bahnen. Sie stößt dabei natürlich auf die Wegmarken der früheren Heerstraße der Historie, aber wie verändert ist die Landschaft, wie anders die Namen der tausenderlei Orte und Begebenheiten, nach denen man jetzt sucht. Fast alles kann man heute wissen, so scheint es, und weiß deshalb vielleicht fast nichts.

Unter den erschwerten Bedingungen einer schnellgetakteten Welt wäre Goethe wohl geneigt, unsere Wegstrecke auf die vergangenen zehn Jahrhunderte zu begrenzen. Der Rückblick auf das fast vergangene Jahrtausend, den wir in „Bilder und Zeiten" unternommen haben, ist also ein bescheidenes Unterfangen und das Gegenteil einer aggressiven Geschichtsbemächtigung, in deren Zeichen unser Jahrhundert stand. Der Strom, in den wir uns begeben, war allerdings mächtig genug, und damit wir nicht ohne Halt blieben, sollten die Jahrhundertabschnitte unsere Ankerplätze sein. Schleusen und Schleusenwärter aber brauchen wir nicht und so sind wir frei, Ausflüge stromaufwärts oder -abwärts zu unternehmen, wenn wir in einem Jahrhundert Halt gemacht haben. Es ist das historische Wissen selbst, das uns zu dieser Freiheit auffordert, denn die moderne Jahrhundertrechnung wurde erst im sechzehnten Jahrhundert eingeführt. Diese Gliederung nimmt der Vergangenheit freilich nichts von ihrer Fülle, und so bleibt die Frage, was zu gewärtigen ist und wie das geschehen könnte. Man weiß zuviel, als daß man bloß Scherbenstücke versammeln könnte, zugleich wäre es absurd, einen Anspruch auf Repräsentativität zu erheben. Als erstes entdecken wir die Daten neu, jene Daten, die in ihrer Reihung schwer zu merken sind. Wir stellen sie deshalb zu einem Panorama auf, unvollkommen sicherlich, aber doch so, daß der freie Blick auf sie wie auf Leuchttürme blicken kann, hinter denen das weite Land zu erahnen ist. Was ansonsten mehr eine Last als eine Hilfe war, kann so zur Stütze werden. Es sind Daten der europäischen Geschichte so lange, wie diese sich zur Weltgeschichte ausdehnt.

Dann aber, jenseits der Daten, geraten wir außerhalb der unmittelbaren Sichtweite, und was uns aus der Vergangenheit erreicht, sind Spiegelungen – gelegentlich auch Vorspiegelungen. Und einige Strahlen aus diesen Spiegelungen haben wir Jahrhundert für Jahrhundert eingefangen. Darin erscheinen die Gestimmtheit einer ganzen Zeit ebenso wie der einzelne Lebenslauf oder eine Begebenheit.

Im Reflektor leuchtet die politische Geschichte auf, wir geraten an kollektive Vorstellungen und Obsessionen, die sich wie Adern durch die Zeit ziehen, an große Kunst und Literatur, aber auch Institutionen des Alltags, an Krieg und Frieden. In den Spiegelungen aus der Vergangenheit taucht immer das Bild der Jetztzeit mit auf. Wir zeichnen die Kontur beider Bilder, von Jahrhundert zu Jahrhundert. Manchmal ist es bloß ein Umriß, eine Anmutung, manchmal ein scharfes Doppelprofil. Wir haben das, was gemeinhin als bekannt gilt, nicht gescheut und fanden, daß dieses Bekannte nicht immer gekannt wird. Und umgekehrt gab das Abgelegene oder ein Detail den Schlüssel, mit dem eine Zeit, wörtlich ein Zeitraum zu erschließen war.

Um den Farben möglichst wenig von ihrem Spektrum zu nehmen, gehören unserer Betrachtergruppe Essayisten ebenso an wie Historiker und Wissenschaftler benachbarter Disziplinen. Kenntnisse erscheinen als Ansichten und umgekehrt. So verschieden die Autoren, so unterschiedlich die Betrachtungsweise. Alle aber sind begünstigt durch unsere Zeit, in der die Chance groß ist, ohne Legitimationszwang und ohne genealogische Bedürfnisse der Vergangenheit sich zuzuwenden. Das hat nichts mit interesse- und leidenschaftsloser Geschichtsbetrachtung zu tun. Im Gegenteil, es entfaltet sich die doppelte Leidenschaft von Reflektion und Reflexion. Und das Vergangene öffnet sich nicht als Notwendigkeit, sondern als Fülle der Möglichkeit.

Die Gelegenheit ist da: Wir können unser Jahrhundert simultan in zwei Richtungen überschreiten. Am Ende dieser Reise werden wir wieder hierher zurückgekehrt sein – und werden das Jahrhundert und uns verändert finden.

Michael Jeismann

Kleine Chronik

1000: Kaiser Otto III. stiftet Erzbistum Gnesen; Stephan I. als König von Ungarn gekrönt, die Stephanskrone wird zum ungarischen Wahrzeichen; Venedig erobert dalmatinische Städte, um der Seeräuberplage im Mittelmeer Einhalt zu gebieten · *1002:* Massaker an den Dänen in England · *1014:* Dänen erobern London · *1018:* Friede von Bautzen, Polens Unabhängigkeit vom Deutschen Reich wird bestätigt · *1033:* Deutsch-russisches Bündnis gegen Polen, Polen verliert Status als Königreich · *1040:* Pax Dei, Einschränkung des Fehdewesens, Waffenruhe von Mittwochnachmittag bis Montagmorgen · *1054:* Schisma Rom – Byzanz · *1063:* Ramiro I. von Aragón wird von einem Muslim ermordet, es beginnt die Rückeroberung Nordspaniens, die Reconquista dauert bis 1492 · *1066:* Westminster Abbey wird eingeweiht; Normannen unter Wilhelm erobern England; Charta von Huy (bei Lüttich): die erste Stadt nördlich der Alpen mit kommunaler Selbständigkeit, kein bischöflicher Stadtherr · *1077:* Gang Heinrichs IV. nach Canossa · Um *1080:* Im Annolied wird dem Erzbischof von Köln ein literarisches Denkmal gesetzt · *1081:* Venedig vernichtet Flotte der Normannen · *1082:* Handelsvertrag Venedig – Byzanz; Venedig leistet Byzanz militärische Hilfe gegen Normannen, kann im Gegenzug im gesamten Byzantinischen Reich abgabenfrei Handel treiben · *1095:* Papst Urban II. ruft zum Kreuzzug auf, Massaker an Juden, so in Speyer, Mainz und Trier · *1099:* Kreuzfahrer unter Gottfried von Bouillon erobern Jerusalem, es werden 70 000 Einwohner – Muslime und Juden – ermordet.

Johannes Fried

„Die Liebe erkaltet"

Das 11. Jahrhundert erwartet das Jüngste Gericht und erneuert die Kirche

Angst? Nein, haben wir nicht! Souverän begegnen wir allen Gefahren: der kosmischen Katastrophe, dem Meteor, der die Bahn der Erde kreuzt, der entfesselten Kernkraft, der Zerstörung des Klimas, der genmanipulierten Chimäre. Nein, das Spiel mit der Angst spielen wir nicht. Wir haben die Angst überwunden. Gar das Weltende-Spiel, das nur Phantasten immer aufs neue auflegen! Wir bleiben cool im Roulette des Lebens. Gewiß, die Welt ist verletzlich, sie ist endlich, ihre Fortdauer logisch nicht erweisbar. Wir erwarten gar nicht, daß sie ewig sei. Jederman muß sterben. Warum sich damit belasten?

Oh, es gibt Gründe. Die Angst überwunden? Also hatten wir Angst? – Das Spiel wiederaufgelegt? Also finden sich Spieler und spielten sie früher? – Gefahren? Also bleibt auch die Angst? Könnte nicht alles geschehen? Der Supergau? Der Overkill? Der Meteor, der die Erde trifft? Warum verfolgt uns die Frage? Warum hat sich der Gedanke an die Weltkatastrophe in unserem Denken verhakt? Die großen Weisen gaben sich ihm nicht hin. Nicht Konfuzius, nicht Buddha, nicht Mohammed; auch Moses nicht. Erst die Propheten und Jesus von Nazareth. Das Weltende-Spiel hat europäische Regeln; außereuropäische Kulturen kennen es kaum. Doch das Abendland in seiner jüdisch-christlichen Prägung hat es ausgiebig betrieben, immer wieder verfeinert und alle zum Mitspielen genötigt. Mit ihm treten verborgene Schichten unseres kulturellen Seins zutage, die weit in die Vergangenheit reichen. Es ist gar kein Spiel; es ist ein Teil unseres Lebens.

„In der Welt habt ihr Angst"; so spricht der Herr. Angst gehört danach untrennbar zur Welt. Allein der Glaube überwindet sie. Der Glaube? Da sitzt Jesus Christus „zur Rechten des Vaters und wird wiederkommen in Herrlichkeit, zu richten die Lebenden und die Toten". So lehrten verbindlich und zwingend die heiligen Väter des ersten ökumenischen Konzils zu Nicaea im Jahre 325; und so bekennen Christen noch heute, wo immer sie sich versammeln. Als Juden hatten die Anhänger des Jesus von Nazareth den Messias erwartet; als Christen leben sie auf die Wiederkehr Christi zu, harren sie „jenes Tages", „des Tages des Herrn", des „Jüngsten Tages"; er bringt das Gericht.

Dem Gericht aber folgt der Weltbrand, der alles verzehrt, der Untergang dieser Welt „im feurigen Pfuhl", „der neue Himmel, die neue Erde" (Ap 20,14; 21,1), endlose Pein für die Verworfenen, ewige Seligkeit für die Erwählten – und quälende Ungewißheit für jede einzelne Seele, die nicht rechtzeitig in den Genuß der Heiligkeit kommt. Dieser Glaube voll Angstüberwindung und Angstgeburt, voll atemberaubender Widersprüchlichkeit und ohne Einlaß für Vernunft oder Skepsis zeugte Schrecken über Schrecken, beflügelte Visionen, die ihn immer aufs neue anschürten und anfeuerten. Drastisch wurden Untergang und Qual gemalt, in glühenden Farben und voll peinigendster Szenen. Keine Gewalt, die Menschen ausdenken können, blieb für das Jenseits tabu. Es war die Schreckenskammer schlechthin. Der Glaube an das kommende Gericht mit all seinen Implikationen und Folgen erweist sich durch alle Mutationen hindurch als eine jahrtausendealte Triebkraft der europäischen Geschichte, als Faktor von kulturschöpferischer Dynamik und wirksam bis in unser eigenes Denken. Er sollte einer Welt verstehbar sein, die auch heute religiöse und andere Fundamentalismen erschüttern.

Wann kommt der Herr zum Gericht? Wieder und wieder fragten es sich die Nachfolger Jesu, erwartungsvoll, besorgt, bang. Unruhe erfaßte sie, rüttelte sie auf, bald mehr, bald weniger, schub- und wellenweise, der Vernunft entrückt. Das Fragen fand keine abschließende Antwort, machte immerfort alles neu. Nichts blieb von ihm auf Dauer unberührt, nichts unverwandelt. Es zeitigte eine neue Religion, eben das Christentum, neue Handlungsnormen, neue Frömmigkeit – wie Heiligen- und Reliquienkult, verlangte ein neues Denken, eine neue Wahrheit, Kontrolle der Lehre, eine neue politische und gesellschaftliche Ordnung, ein neues Rechtswesen und nicht zuletzt eine Geschichtstheologie, die die Aktualität der Botschaft über alle irdischen Zeitläufte mit ihren Gewöhnungen, Abschleifungen und Frustrationen hinwegzuretten vermochte. Es steckt, dieses Fragen, in aller Lebensordnung. Der Endzeitglaube tauchte jede Gegenwart in das Licht des kommenden Gerichts.

Das Fragen setzte mit Jesu Kreuzestod ein und zieht sich als unterirdischer Strom durch die Theologie der Kirchenväter und ihrer Schüler, als Grundtonus durch die Jahrhunderte. Hatte der Herr nicht selbst das Bevorstehen des Gerichts verkündet? Bereitet euch! Bald! Jetzt! Doch die Eile war Irrtum. Die Wiederkehr verzögerte sich und die Verzögerung verlangte nach Deutung; mit ihr begann die explizite christliche Theologie, die Rationalisierung von Botschaft und Glaube, die Vertröstung auf eine ungewisse Zukunft. Was tun? Jede elaborierte Theologie – Augustinus' „Gottesstaat" in der Antike, die „Sentenzen" des Petrus Lombardus oder die „Summa theologica" des Thomas von Aquin im Hohen und Späten Mittelalter, die Handbücher der Neuzeit – sucht seitdem Antwort und mündet in die Lehre von den letzten Dingen.

Eine Art Versicherungsgedanke wurde geboren mit befristeter, nämlich lebenslanger Prämienzahlung und unbefristetem, nämlich ewigem Versicherungsschutz. Die Attraktivität dieser Versicherung wurde in lebhaften Farben propagiert. Glaube, Werke der Barmherzigkeit, christliche Herzensgesinnung waren die Münze, in der in diese Versicherung eingezahlt wurde, eine heilsträchtige Ethik der Verantwortung. Die Werktheologie etablierte und verbreitete sich in der Erwartung des letzten Gerichts, wirksam für ein Jahrtausend und länger. Glaube ohne Werk war tot. Niemand sollte die Frist untätig verstreichen lassen, jeder sein Bäumlein pflanzen. Die Zeit, die Weltzeit war zu nutzen; Zeit wurde wertvoll, geradezu Heilsgeld. Oftmals freilich dürften die Qualen der Hölle, mit denen frühchristliche Apokalypsen drohten, dürfte die nackte Angst wirksamer zu frommem Tun getrieben haben, als die mit irdischen Sprachen unfaßliche Seligkeit und Süßigkeit des Himmelreiches.

Die Apokalypse des Johannes machte eine erste dilatorische Zeitangabe zur Deutung jener Ver-zögerung des für „jetzt" erwarteten Gerichts: Siehe, der Engel vom Himmel „griff den Drachen, die alte Schlange, welche ist der Teufel und Satan, und band ihn tausend Jahre" (20,1–2). „Und wenn die tausend Jahre vollendet sind, wird der Satan losgebunden werden aus seinem Gefängnis" (v.7), um die Welt für kurze Zeit, dreieinhalb Jahre, seinem Schreckensregiment zu unterwerfen; erst dann wird er, der Widerchrist, vom Hauch des göttlichen Mundes getötet werden. Die Erfindung des Jahrtausends geht auf die jüdische Weltalterlehre zurück, welche die Christen fortsetzten und ihren Bedürfnissen anpaßten; überhaupt, seit der Zeit des Urchristentums befruchteten sich jüdische und christliche Apokalyptik und Eschatologie wechselseitig immer wieder aufs neue. Die Lehre von den Weltzeitaltern folgte dem Muster des göttlichen Sechs-Tage-Werks. Jeder Welttag, jede Weltwoche entsprach einem Weltalter oder „Jahrtausend", deren erstes mit der Erschaffung der Welt und Adams Sündenfall begonnen hatte und deren letztes sich mit der Vollendung des sechsten erfüllte. Der siebte Tag war dann der ewige Weltsabbat. Vorzeichen kündigten die Entfesselung Satans, des Antichristen, am Ende des letzten Weltalters an: Kriege, Pestilenzen, Teuerungen, Erdbeben, Greuel der Verwüstung, falsche Christen. „Es wird eine große Trübsal sein, wie sie nicht gewesen ist vom Anfang der Welt bisher", verkündete das Matthäus-Evangelium (c.24); „die Sonne wird sich verfinstern, der Mond seinen Schein verlieren, die Sterne werden vom Himmel fallen, die Kräfte der Himmel in Aufruhr geraten". Doch um Tag und Stunde wisse niemand denn der Vater allein. Präzision und Geheimnis zugleich; eintausend Jahre, doch ohne Wissen um Tag und Stunde...

Wie war das zu verstehen? Wie danach zu handeln? Stand künftig ein tausendjähriges irdisches Friedensreich zu erwarten, derweil der Böse gefesselt in den Abgründen des Abyssos lag? Viele glaubten es; revolutionäre Utopien bauten auf diesen Glauben. Die christlichen Gelehrten, die Heiligen selbst mühten sich um Deutung. Zeichenkunde war gefordert, eine eschatologische Semiotik nistete sich in Glauben und Glaubenslehre ein, die hier Hoffnung, dort Angst erzeugte und immerfort 'Bald! Bald!' verhieß. Zuvor müsse der „Abfall" kommen, die „Discessio", lehrte Paulus; „der Abfall vom Römischen Reich" verstanden die Exegeten. Es war zu erneuern. Die tausend Jahre der Apokalypse wurden von einen so, von anderen anders gedeutet. Doch keine dogmatische Festlegung verhinderte, daß schon verworfene Deutungen wieder Anhänger fanden und zum Ausgangspunkt neuer politischer oder sozialer Utopien und Häresien wurden – wie Hussiten, Taboriten oder

Wiedertäufer, bis heute. Auch das „Tausendjährige Reich" der Nazis evozierte und pervertierte jene endzeitliche Verheißung, blasphemisch den „Führer", sein „Heil" an Christi Stelle setzend.

Das bange Harren wich immer wieder freudigem Erschrecken: Er kommt, der Herr; alsbald, jetzt, da. Schon die Evangelisten mußten derartige Erwartungen dämpfen. Alle christliche Wissenschaft war aufgerufen, im enttäuschenden Warten die Spannung baldiger Ankunft zu erhalten, aus der sich der Glaube nährte. Sie tat es über alle geistigen Umbrüche hinweg, mit unendlichem Scharfsinn. Der hl. Augustinus faßte zusammen, was zu seiner Zeit, im frühen fünften Jahrhundert, über diese eintausend Jahre erforscht war, und erläuterte es in seinem viel gelesenen „Gottesstaat". Es wurde für lange Zeit maßgeblich. Die Folgerung des Kirchenlehrers fiel zwiefach aus, ohne sich zu entscheiden. Die Idee eines tausendjährigen Friedensreiches verwarf er. Er erkannte in den eintausend Jahren des Sehers Johannes stattdessen „das, was vom sechsten Welttag, der tausend Jahre währt, noch übrig ist, oder all die Jahre, in denen diese (gegenwärtige) Weltzeit weiterhin verlaufen soll" (Civ.Dei 20,7). Danach mochte der ewige Weltsabbat herrschen, mit neuem Himmel und neuer Erde. Augustin dachte historisch und spiritualisierte die eintausend Jahre nicht. Die Fesselung Satans war mit Christi Erlösungstat schon erfolgt; seine Entfesselung leitete „das Gericht am Ende der Weltzeit" (Civ.Dei 20,5) ein, wann immer es kommen mochte.

Die Frist der eintausend Jahre ließ sich, recht verstanden, mithin berechnen; und Berechnungen kamen frühzeitig in Mode, auch wenn Augustin und andere sich dagegen verwahrt, vor ihnen gewarnt und sie als menschliche Anmaßung verboten hatten. Christliche Eschatologie geriet zu einem – wiederholt unterbrochenen – „Countdown" der

Weltzeit. Die älteste überlieferte Berechnung stammt von Hippolytos von Rom. Er hatte Christi Geburt ins Jahr 5500 nach Erschaffung der Welt gesetzt, während er selbst um 5700 Anno Mundi wirkte. Zweihundert Jahre später, um das Jahr 5900, war die Fortdauer der Welt auf knappe einhundert Jahre geschrumpft; es wurde gefährlich. Der hl. Hieronymus, der damals lebte, ähnlich einflußreich wie Augustinus von Hippo, bediente sich denn auch einer anderen Weltalterlehre, in der das sechste Jahrtausend erst dreihundert Jahre später endete. Als auch dieser Termin näher und näher rückte, nahm sich der verehrungswürdige Beda der Sache an, zählte die Angaben der Bibel nach und erkannte die ungleiche Länge der Zeitalter. Er folgerte (auf Augustin gestützt), daß die eintausend Jahre eines Weltalters symbolisch als Zahl und Zeichen der Vollkommenheit, nicht als chronologische Größe zu deuten seien.

Beda Venerabilis entzog damit der überkommenen weltalterlichen Berechnung endzeitlicher Zukunft den Boden. Doch wollte er sicher gehen und wechselte zusätzlich in einen anderen Kalender hinüber mit einer anderen Jahreszählung, den Jahren nämlich nach Christi Geburt. Sie war gut zweihundert Jahre zuvor von dem römischen Abt Dionysius Exiguus entwickelt, aber noch nirgends rezipiert worden. Der Verehrungswürdige verschaffte auf diese Weise der Welt Aufschub um weitere zweihundert Jahre, denn jetzt lebte man zu Beginn des 8. Jahrhunderts christlicher Zeitrechnung. Die eschatologische Frist begann nun mit Christi Geburt oder Kreuzestod und endete mit dem tausendsten Jahre danach.

Als schließlich auch dieses Wendejahr verstrich, ohne daß die Welt sich änderte, begann alles von vorne. Die Eschatologen verfielen auf immer geheimnisvollere Kalkulationen. Die weisesten Leute bis weit in die Neuzeit hinein vertieften sich ins Rechnen, fromme Gelehrte, die Wissenden um das Weltende, Naturforscher und Entdecker, nicht etwa einfaches Volk, dem dazu jegliches Rüstzeug fehlte. Joachim von Fiore, der Kardinal Pierre d'Ailly, Nostradamus ließen sich nennen, auch Christoph Columbus oder Isaac Newton, die sich in der Berechnung der Wiederkunft Christi zum Jüngsten Gericht übten und daraus wirksamste Impulse für ihre Entdeckungen zogen. Das Weltende war erwartete Wirklichkeit, nicht innerseelisches Geschehen, kein Mythos. Für Columbus drohte es im Jahre 1648; zuvor mußte die Welt entdeckt sein, um getauft werden zu können. Newton schrieb selbst zwar kein Datum fest, aber er hielt die Zeit für gekommen, in der Gott die Geheimnisse der Apokalypse öffne. Naturwissenschaft als Wirklichkeitswissenschaft gründete in Untergangserwartung, jedenfalls mit einem Wurzelstrang. Unsere moderne Welt, aufgeklärt, wissenschaftsgläubig und faktengesichert, schwimmt auf Eschatologie.

Die Erwartung des Weltendes zu steigern, gehörte von ihren Anfängen an zum Instrumentarium christlicher Erziehung. Sie lehrte, auf Vorzeichen zu achten. „Viele ungewöhnliche Dinge werden geschehen", unterwies beispielsweise der hl.Gregor den eben bekehrten angelsächsischen König Ethelbert im Jahr 601, „Wetterstürze, Schreckenszeichen am Himmel, unvorstellbare Unwetter, Kriege, Hungersnöte, Pestilenzen und Erdbeben. Sie treten nicht alle in unseren Tagen ein; doch werden sie unserer Zeit folgen. Siehst du einige in deinem Land sich ereignen, so erschrick nicht. Denn die Zeichen des Weltendes werden vorausgeschickt, damit wir unsere Seele bereiten. Erwarten wir unsere Todesstunde mit guten Taten, dann sind wir bereit für den Richter, der kommen wird." Nicht heute, doch bald! Jedes gewaltige Unwetter bewies, eine Logik des Schreckens, das nahende Ende; Skepsis wäre deplaziert. Das Zuleben auf den Tod sollte auf das Jüngste Gericht einstimmen. Eine letzte Steigerung derartiger Bereitschaft war die Naherwartung dieses Gerichts.

Handliche Kompendien zum Endzeitwissen entstanden; weite Verbreitung war ihnen gewiß. Sie waren Anleitung zur Gegenwartsdeutung. Sie wurden wieder und wieder abgeschrieben: die Schrift des Tyconius, die Tiburtinische Sibylle, der falsche Methodius und andere, deren bekanntestes Werk, eine regelrechte Biographie des Antichristen, Adso, Abt in dem Kloster Montier-en-Der am Westrand der Vogesen, für die westfränkisch-französische Königin Gerberga, eine Schwester Ottos des Großen, um die Mitte des 10. Jahrhunderts komponierte. In Gelehrten- und Hochadelskreisen, den geistigen Eliten, waren derartige Texte verbreitet, von führenden „Politikern" in Auftrag gegeben, von Königen und Fürsten oder einem Manne wie Heribert von Köln, dem Erzieher und Vertrauten Kaiser Ottos III. um die Jahrtausendwende.

Zu ihrer Zeit verdichteten sich die Hinweise auf die Naherwartung des Gerichts in einem bislang unbekannten Ausmaß. Die Bibel schien recht zu haben; die eintausend Jahre der Apokalypse des Johannes schienen sich tatsächlich zu erfüllen. Extreme Wachsamkeit war angesagt. Allenthalben registrierten Zeitgenossen apokalyptische Zeichen, gewaltige Überschwemmungen, Erscheinungen am Himmel, Feuersbrünste – alles über die Maßen schrecklich und verheerender als je zuvor. Sie drückten ihre Nöte dem folgenden Jahrhundert, dieses die seinen dem folgenden Jahrtausend auf. Wohin immer die Blicke heutiger Historiker sich richten, verfangen sie sich in solchen Szenarien – in Spanien, Frankreich, England, Italien, auch auf dem Gebiet des ottonischen Reiches. Manch eine Gemeinschaft wie etwa die Reformmönche von Cluny oder Gelehrte im Umkreis des Dialektikers Abbo von Fleury, eines der gelehrtesten Leute seiner Epoche, gaben sich ihnen intensiver hin als andere; in manch einer Region wie beispielsweise in Lothringen waren sie dichter gesät als andernorts. Doch wo damals gelehrte Theologen und Geschichtsschreiber ihre Federn wetzten, fehlten sie nicht.

„Von der Geburt des Herrn bis zur Ankunft des Antichristen sind es 999 Jahre". Das Gericht stand damit für 1033 zu erwarten. Nicht irgendwelche Phantasten malten den Alptraum an die Wand, vielmehr die kompetentesten Kenner der Zeitberechnung, Komputisten in England, die die strenge Schule des Abbo von Fleury durchlaufen hatten. Abbo selbst berechnete die Ostertermine für das kommende halbe Jahrtausend, obwohl nur Gott wisse, wieviel Zeit der Welt noch verbleibe. Als das Jahr 1000 verstrichen war, registrierte ein weiterer Komputist, daß Satans Jahrtausend nach menschlicher Zählung erfüllt sei, was im Kontext unterschiedlicher Länge der Weltalter hieß, daß der Antichrist nun jederzeit sich offenbaren könne. Einem Mönch erschien im Traum tatsächlich ein Engel mit der Botschaft: Bald, bald sei das Ende der Welt zu erwarten; man schrieb das Jahr 1011.

„Laßt uns die Frist nutzen, die Gott uns schenkt!" drängte Aelfric von York, ein anderer der großen Schulmeister dieser Jahre. Manche Schenkung wurde mit dem drohenden Untergang begründet. „Da das Ende des menschlichen Geschlechts naht, zeigen sich nicht ungewisse Strafgerichte, indem Unglücksfälle häufiger werden in der zu Ende gehenden Zeit. Darum muß jeder der Sterblichen aufmerksamer den Weg der Ewigkeit betrachten", hieß es etwa in einer Urkunde der rheinischen Herzogin Godilda vom Jahr 939. „Indem wir den Untergang dieser sinkenden Welt vor uns sehen, erwarten wir mit Furcht das Ende allen Fleisches", bekannte der burgundische König Rudolf III. im Jahr 1031, kurz vor seinem eigenen Tod. Doch derartige Zeugnisse blieben eher zufällig erhalten; jede Naherwartung des Endes mußte beim Fortbestand der Welt immer wieder verdrängt, ihre Zeugnisse vernünftigerweise ausgelöscht werden.

Auch im Osten, in Byzanz, gaben die Gelehrten sich Berechnungen hin; auch dort wußten sie um das Nahen der Endzeit. Einer dieser Rechenmeister, der sog. Vettius Valens, erwartete das Weltende für das Jahr 1026; ein anderer hatte 1034 für die Losbindung Satans errechnet; noch andere noch anders. Warum aber Geschichte schreiben, wenn niemand mehr liest? Einer, der so fragte, war Leon Diakonos, der um das Jahr 992 im zweifelnden Wissen um die möglicherweise oder bald hernach einbrechende Endzeit seine Historien niederschrieb. Seine Antwort verdeutlicht die angespannte Erwartung, in der seine Zeitgenossen lebten: „Weil zu meinen Zeiten viel Ungeheueres geschehen und vieles bis dahin Unerhörtes vorgefallen ist, grauenerregende Schrekkensbilder am Himmel sich zeigten, unglaubliche Erdbeben das Land erschütterten, Blitze einschlugen, gewaltige Regengüsse aus den Wolken herabströmten, Kriege ausbrachen, vielerorts feindliche Heere das Land berannten, ganze Städte und Gegenden verlassen wurden, so daß viele meinten, die Gestalt dieser Welt beginne sich zu wandeln, und die erwartete zweite Ankunft unseres göttlichen Erlösers stehe nahe bevor – so habe ich beschlossen, so furchterregende und staunenswerte Ereignisse nicht schweigend zu übergehen, sondern sie allen kundzutun, damit sie auch der Nachwelt zur Warnung sein könnten – es sei denn, die Vorsehung hätte schon jetzt beschlossen, dem Dasein der Menschheit auf Erden ein Ende zu setzen und ihr Lebensschifflein jetzt schon in den Hafen der Vollendung laufen zu lassen und eine neue Welt zu erschaffen". Der christliche Versicherungsgedanke war also auch in Byzanz verbreitet. Der Diakon Leon, ein typischer Versicherungsnehmer, rechnete zwar nicht mit dem Schlimmsten, eben dem Weltuntergang, aber auszuschließen war er ebensowenig. Man konnte ja nicht wissen... Der Westen dachte nicht anders. Seine Gelehrten und Bischöfe hatten sich durchaus in Konstantinopel erkundigt.

Bis in die Politik hinein waren Endzeitsorgen zu spüren. Gerade der Kaiser der Jahrtausendwende, der jugendliche Otto III., handelte im Wissen um das sich nähernde Endgericht. In einen Mantel gehüllt, den Bilder der Apokalypse schmückten, ließ er sich im Jahre 996 zum Kaiser krönen. Heftigen Bußübungen gab er sich hin. Man sagt, er habe Mönch werden wollen. Ein Endzeitkaiser? Auf der Höhe seiner kurzen Regierung, im Jahre 1000, trat er, ein Mann von gerade zwanzig Jahren, der „Knecht Jesu Christi und nach dem Willen Gottes, des Erlösers und Befreiers, erhabener Kaiser der Römer", einen Pilgerzug nach Gnesen an, zum Grabe Adalberts von Prag, des jüngsten Märtyrers der Kirche – ein Akt, der weithin sichtbar aktuelle Herrschaftswaltung und dringliche Heilsbereitung vereinte und Weltgeschichte machte.

Der Knechtstitel, den Briefen des Völkerapostels Paulus entlehnt, kennzeichnete kaiserliches Aposteltum, wie es auch in Byzanz begegnete. Der Wille des „Erlösers" machte den Gnesenzug zu einem Kampf gegen die Sünde. Der „Befreier" endlich war in christlicher Exegese der „Vorkämpfer" gegen den „Verfolger", den Antichristen. Alles, was dort, in Polen, geschah – die Gründung des ersten polnischen Erzbistums, die Krönung des polnischen Fürsten zum König, die Errichtung eines Altares –, alles geschah als Mittlung zwischen Herrschaft und Heil, als ritueller Vollzug des Willen Gottes, des Erlösers, des Freiheitsspenders. Otto handelte typologisch an Christi Stelle als Vorkämpfer gegen den endzeitlichen Antichristen. Es war zugleich eine Reise an die Grenzen der Christenheit, an die Grenzen der damaligen Welt. Mit ihr erfüllte sich nach dem geographischen Wissen der Epoche eine Bedingung der Endzeit, daß nämlich die christliche Heilsbotschaft aller Welt verkündet sei. „Das tausendste Jahr übertrifft und übersteigt alles", reflektierte der Hildesheimer Annalist im Blick auf Ottos Gnesenfahrt.

Andere Herrscher lebten und wirkten nicht minder im Bewußtsein des heraufziehenden Gerichts und der Endzeit. Kaiser Heinrich II. etwa, der Gründer des Bistums Bamberg, oder Robert II. von Frankreich, der fromme König, wären zu nennen. Heinrich soll schon als bayerischer Herzog sich und die Seinen als jene erkannt haben, „zu denen das Ende der Zeiten gekommen sei"; Robert irritierten „Blutregen" und andere apokalyptische Zeichen, deretwegen er seine Gelehrten befragte. „Niemand soll am Kommen des Jüngsten Tages zweifeln, niemand sein baldiges Erscheinen herbeisehnen. Es wird schrecklich für die Gerechten, viel schrecklicher noch für die Sünder", warnte damals der Bischof Thietmar von Merseburg kurz vor seinem Tod im Jahre 1018.

Politische Gegner wurden in diesen Gerichts-nahen Tagen zu „Dienern Satans und Vorläufern des Antichristen", des endzeitlichen Bösen, gar schon als „Antichristen" diffamiert, Opfer der Logik des Schreckens und einer politischen Theologie, die mit der Endzeit kalkulierte. Einer der ersten hochmittelalterlichen Fälle, wenn nicht der erste, führt nach Reims ins Jahr 991, ging dem Wendejahr 1000 also unmittelbar voraus; treibend war der künftige Papst Silvester II. Später, am Vorabend des Investiturstreits, der das letzte Viertel des 11. Jahrhunderts erfüllte, handelte Gregor VII. aus diesem Glauben. „Ihr wißt, geliebteste Brüder", so mahnte der Papst seine Getreuen im Reiche Heinrichs IV., „daß in dieser gefährlichen Zeit, in der überall der Antichrist in seinen Gliedern zu wirken begann, kaum einer angetroffen wird, der in Wahrheit Gott und Gottes Ehre liebt und Gottes Befehle weltlichem Vorteil und der Huld ir-

Der Teufel und die falschen Propheten werden im feurigen Teich gemartert, Codex. fr. 403, fol. 40, Paris

discher Fürsten vorzieht.“ Die Kaiserlichen übernahmen das Argument und richteten es gegen Gregor selbst; nun war der Papst der Antichrist – wie später bei Luther.

Das ganze 11. Jahrhundert darf als eine europäische Wendezeit betrachtet werden, nicht zuletzt weil es das Weltende nahe und sich immer rascher nähern sah. Es begann verheißungsvoll mit der Expansion der Christenheit und mündete in eine der großen Umwälzungen des Mittelalters auf allen Ebenen: kirchlich, weltlich, im Mönchtum, in Stadt und Land, in Religion und Politik. Königsherrschaft erschien als weltliches Mühen zu ewigem Heil; das Papsttum machte sich zum Vorkämpfer gegen den Antichristen. Frieden und Gerechtigkeit, Ausbreitung und Stärkung der Kirche, Schutz für die Armen und Schwachen hießen die heilspendenden Mittel. Wer auf Machtsteigerung oder Machterhalt setzte, auf weltliche Triumphe oder Ruhm, entwickelte Legitimationsstrategien, um sich zu rechtfertigen. Das soll nicht heißen, daß alles, was sich damals ereignete, eine eschatologische Signatur getragen habe. Nicht jeder Autor explizierte apokalyptische Gedanken; nicht jede Handlung geschah im Blick auf den Antichristen. Gleichwohl überlagerte die endzeitliche Stimmung alles Geschehen. Je stärker die Zeitgenossen von den Glaubenswahrheiten erfüllt waren, desto anfälliger waren sie auch für endzeitliche Sorgen. Sogar im Judentum und Islam waren im 11. Jahrhundert eschatologische Erwartungen verbreitet, die das Kommen des Messias, das Erscheinen eines Mahdi verhießen. Die Nervosität der Christen steckte andere an. Auch zeigt die Karriere des Begriffs der „politischen Theologie", der durch Carl Schmitt zwar nicht geprägt, aber doch verbreitet wurde, daß auch im 20. Jahrhundert das Band zwischen Politik und Glauben keineswegs durchtrennt wurde.

Die Besorgnis setzte Energien frei, die auch in irdische Ziele flossen. Königreiche und Fürstentümer wurden kraftvoll ausgebaut. Neben bloße Herrschaftsmehrung trat Herrschaftsintensivierung. Vielfach nutzte sie direkt oder indirekt die Herrschaft über die Kirche. Die Kapetinger festigten die französische Monarchie, die nun territorial zu expandieren vermochte. Die spanischen Königreiche León-Kastilien, Navarra und Aragón widmeten sich der Reconquista, der „Wiedereroberung" christlichen Landes gegen die Muslime; sie zeitigte rasch Erfolge, förderte aber auch die geistige Auseinandersetzung mit dem Islam und brachte kulturellen Gewinn. Wilhelm der Bastard, Herzog der Normandie, eroberte England. Bei den Slawen formierten sich Völker und Reiche. Polen, Böhmen und die Rus' nahmen Gestalt an; Ungarn etablierte sich als christliches Königreich. Die Staatenwelt der Neuzeit zeichnete sich in Umrissen ab, die Säulen der modernen Welt. Doch schied sich der katholisch-lateinische Westen immer schärfer vom griechisch-orthodoxen

Osten. Die Kirchenhäupter in Rom und Konstantinopel exkommunizierten einander im Jahr 1054, ohne zu ahnen, daß ihre Nachfolger ein knappes Jahrtausend benötigen sollten, bevor sie den Fluch widerriefen.

Der Fernhandel expandierte. Venedig begann, die Adria zu beherrschen. Judengemeinden, die untereinander in regem Austausch standen, verbreiteten sich im 10./11. Jahrhundert in Nordfrankreich, England, am Rhein oder in westslawischen Ländern, nicht wie zuvor fast allein in Südeuropa; sie vermittelten über alle Sprach- und Reichsgrenzen hinweg Gelehrsamkeit, Wissen und Können, ein Vorgang von nachhaltiger Wirkung auf die geistige Gestaltung Europas. Die Stadtbewegung setzte überall im westlichen Europa ein, die zuerst nur Freiheitsprivilegien gewährte, bald zu Stadtgründungen überging, Stadtgemeinden hervorbrachte und insgesamt zur Ausbildung bürgerlicher Welten die Wege ebnete. Ein neues soziales Element zog in die bislang aristokratisch-bäuerlich geprägte Welt ein. Optimismus verbreitete sich, materieller Gewinn wurde geplant, sozialer Aufstieg, weltlicher Erfolg. Und dennoch offenbarten zur nämlichen Zeit die Konversenbewegung (der freie Anschluß von Laien an Reformklöster, ohne selbst Mönch zu werden) oder die religiöse Armutsbewegung in frei gewählter Nachfolge des armen, des geschundenen Christus, daß auch hier die Woge des Glaubens nicht verebbt war, und daß unmittelbar neben der weltlichen Einstellung die heilsbedachte Sorge wohnen blieb, die auf das Gericht zulebte.

Das Ende der Weltzeit mit all seinen Verheißungen und Begleiterscheinungen stürzte die Zeitgenossen in arge Seelennot. Bedrängt waren zuallererst die geistlichen Eliten, die Gelehrten und Wissenden, die Prediger, nicht die unwissenden Volksmassen, auch wenn Finsternisse oder Unwetter sie schreckten und sie immer wieder mobilisiert werden konnten. Seelsorge tat not. Um so bedeutsamer wurden die Gnadenmittel der Kirche, denen sich nun die hervorragende Aufmerksamkeit geistlicher Reformer zuwandte. Sie verfeinerten Beichte und Buße; die Lehre von den Sakramenten wurde fortentwickelt. Reinheit der Priester, ihre sexuelle Unbeflecktheit, wurde verlangt, Freiheit der Kirche, Unabhängigkeit von irdischen Obligationen und weltlicher Herrschaft.

Ein scharfes Trennungsdenken paralysierte die überkommene Einheit der Welt, brisant in seiner Dynamik, revolutionär in seiner Legitimität, dringlich wegen der anrollenden Endzeit. Die Welten der blutbefleckten Schwerthände des Königs und der betenden Hände des Priesters durften einander nicht mehr verschränken, wenn anders das Priestertum seine Aufgabe erfüllen sollte. Die „rechte Ordnung" in der Welt galt es zu verwirklichen, um dem Unheil zu widerstehen. Kampf gegen Simonie (Kauf geistlicher Ämter), gegen Laieninvestitur (die Einweisung der Bischöfe und Äbte in ihre Kirchen durch Laien), gegen „Nikolaiten" (positiv gewendet: für den Priesterzölibat) wurden die Parolen. Papst und Kaiser gerieten aneinander. Die weltlich-geistliche Einheit, die bisher geherrscht hatte, löste sich in Staat und Kirche auf – unbemerkt zunächst, dann beschleunigt, bald juristisch ausdifferenziert und dogmatisch fixiert, ein einzigartiges Merkmal des Abendlandes und der europäischen Kultur. Ein neuer Leviathan zog herauf, geweckt im Kampf gegen den Antichristen und mächtig im künftigen Jahrtausend: der säkulare Staat.

In der Zunahme simonistischer Praktiken erkannten Papst Alexander II. und seine Zeitgenossen den untrüglichen Vorboten einer baldigen Ankunft des Antichristen; und „Nikolaiten" galten für eine der Hurerei frönende Sekte, die Gott schon in der Apocalypse des Johannes verflucht hatte (2,6 u.15). Ihr Erscheinen in der Gegenwart läutete die letzte Weltzeit ein, ihre Identifikation mit den beweibten Priestern bezeugt eine an der „Offenbarung“ geschulte Zeichenlektüre. Wie durften Diener des lebendigen Gottes, von unkeuschen Frauenleibern befleckt, den heiligen, keuschen Leib Christi zu berühren wagen? Das ewige Leben sei ihnen verschlossen, donnerte der Kardinalbischof Humbert von Silva Candida, ein scharfer Reformer. Das Volk zertrampelte ihre Hostien. So geschah es in Mailand. Der Zölibat war eine schneidige Waffe im bevorstehenden Endkampf gegen den Antichristen. Das Abendmahl geriet in dialektisches Zwielicht. Berengar von Tours erkannte in ihm – ähnlich den späteren Reformatoren – ein bloßes Gedächtnismahl, ohne reale Präsenz von Leib und Blut des Herrn in Brot und Wein. Die Kirche aber und an ihrer Spitze Gregor VII. bedurfte der unmittelbaren Gegenwärtigkeit Jesu Christi in diesen gefahrvollen Zeiten, die eben angebrochen schienen, „des Heils der Welt“, „lebenspendend“. Sie schickte sich an, die Lehre von der Transsubstantiation zu formulieren.

Gerade die Kirchenreformer trieb endzeitliche Sorge um die rechte Verbindung von Herrschaft und Heil. „Wer weiß, wie knapp die Zeit noch ist, bis Gott kommt, um die Welt zu richten“, predigte Petrus Damiani, Anachoret, Weggefährte und Mitstreiter Gregors VII. Petrus las eifrig in des hl. Augustinus Schriften und zumal die letzten Bücher von dessen „Gottesstaat“, die von Weltende und Gericht und den Freuden ewiger Seligkeit handelten. Meditation und Mystik reiften in seinem Fall als Früchte solcher Lektüre; Wachsamkeit, Glaubensfestigkeit, Leidensbereitschaft in jenem Gregors VII. „Je näher die Zeit des Antichristen rückt, desto umfassender sucht er die Religion zu vernichten“. Das war der Kern der politischen Theologie dieses Gregor; dessen Sustanz war Eschatologie.

Was aber tun? Der Papst, aufs höchste wachsam, leidensbereit, doch siegesgewiß, sah allenthalben die Bosheit anwachsen und den Glaubenseifer erlahmen, untrügliche Zeichen des Kommens des Antichristen und des Weltendes. Die Not der Kirche, der Ungehorsam des Kaisers, die Wahl eines Gegenpapstes, die sich auftürmende Sündhaftigkeit, der anschwellende Haß gegen die Frommen – klare Indizien heraufziehender Endzeit. Der leidenschaftliche Mann, der Gregor war, erschrak: „Die Liebe erkaltet". Brennende Sorge erfüllte ihn. Er wußte, daß es das letzte aller Vorzeichen war; danach stand, so die heiligen Schriften, nur noch die Erfüllung aus. Demgemäß handelten Gregor und die Seinen. Sie mobilisierten gegen den Antichristen. Kampf allenthalben. Johann von Mantua, ein Prediger ganz im Sinne des Papstes, drängte die Markgräfin Mathilde von Tuszien, Gregors Freundin, die Waffen zu ergreifen: „Wenn du, Magd und Braut der Wahrheit, den Abfall geschehen sähest, würdest du zögern, ihn mit Rat und Waffen aufzuhalten? – Jetzt, katholische Streiterin, bereite dich und halte den Abfall auf, solange noch die Glieder der Kirche stark genug sind, um den Kampf mit dem Antichristen zu ertragen." Abwehr der Simonie war Kampf gegen denselben und seine Scharen, die Ordnung von Religion und Kirche, von Papsttum und Kirchenrecht Kampf gegen den dräuenden Antichristen; Buße, Demut, Reinheit, Leidensbereitschaft und Durchhaltekraft Waffen gegen ihn, Kampf für die Gerechtigkeit und gegen die Ungerechtigkeit, wie Gregor sie verstand. Er sah sich den Märtyrern verwandt, den Blutzeugen der Kirche, und den heiligen Bekennern, selbst ein Glaubenszeuge in den Verfolgungen der näher und näher kommenden Endzeit.

Dieser gewaltige Papst hatte seine geistige Prägung als Mönch empfangen; und eben im Reformmönchtum des 10. und 11. Jahrhunderts fanden sich die aktivsten Kämpfer gegen den Antichristen und die Gefahren, die sein Kommen ankündigten. In neuer Weise erfüllten Mönche und Klöster die Forderungen der Werktheologie. Das drohende Ende war Ansporn zum Handeln, ein Aufbruch aus der Welt der

Zeitlichkeit in die Welt ewigen Heils. Reiche Stiftungen, von Laien dargebracht, förderten ihn; neue Kirchenbauten, große Klostergründungen folgten. Vor allem die Armenfürsorge, wie sie etwa in Cluny, dem hervorragendsten aller Reformklöster, etabliert wurde, nahm neue Formen an. Sie wurde mit zuvor unbekannter Intensität betrieben, wohl wissend, daß sie auf die Waagschalen des göttlichen Gerichts schwerwiegende Pfunde packte. Auch der Weltklerus, Laien und Könige beteiligten sich, heilsbedacht, besorgt; nicht zuletzt deshalb stifteten sie Klöster. Endzeiterwartung läßt sich überall erkennen. Eine Autodynamik endzeitlicher Heilsverwirklichung entfaltete sich. Pilgerfahrten nach Jerusalem kamen in Übung, möglich geworden durch die Taufe der Ungarn unter ihrem heiligen König Stephan im Jahre 1000; sie erlaubten, das Heil mit den Füßen zu erlaufen und den Scharen des Antichristen beizeiten zu entrinnen. Die Kreuzzüge waren deren bewaffnete Variante.

Die Zeichen, recht gedeutet, mahnten, peitschten immer von neuem auf. „Jetzt, jetzt gewahrt den strengen Richter! Gedenket des Jüngsten Gerichts, in dem ihr mit Christus alle Seligkeit genießen werdet, wenn ihr recht handelt! – Seid nüchtern! Wachet! Denn euer Feind, der Teufel, umkreist euch wie ein reißender Löwe, bereit, euch zu verschlingen. Widersteht ihm tapfer im Glauben! Der Glaube aber ohne Werke ist tot. Denn der rechte Glaube verlangt, Böses zu meiden, Gutes zu tun. Auf, meine Söhne, verteidigt Gott und erwerbt das ewige Reich!" So rief Papst Sergius IV. die Christen zu den Waffen, nachdem im Jahr 1009 der Kalif al-Hakim, den manche im Westen für den Antichristen hielten, das Heilige Grab in Jerusalem zerstört hatte, lange vor dem ersten Kreuzzug, der neunzig Jahre später Jerusalem eroberte. Aufgeschreckt von einer Sonnenfinsternis eilte Ademar von Chabannes mit vielen anderen zum tausendsten Jahr von Christi Tod nach Jerusalem: „Erscheine Herr, segne das Opfer, das dir bereitet ist. Komm Unnennbarer, der Abraham, Isaak, Jakob segnete. Komm, segne das Brandopfer Christi, das bereitet ist. Komm innig geliebter Vater, befreie die Gefangenen, laß die Wanderer heimkehren in ihr Land". Die Massenpilgerfahrt verwunderte und erregte die Daheimgebliebenen. Im Innersten aufgewühlt und erstaunt fragte der eine oder andere sich: „Was bedeutet dieses Zusammenströmen von so viel Volk wie niemals zuvor in Jerusalem?" So der cluniazensische Mönch Radulfus Glaber. Die Antwort drängte sich auf. Denn „glaubwürdigere Leute" meinten, so Radulf, „es verkünde nichts anderes als die Ankunft des Antichristen, der am Ende der Zeit kommen werde".

Andernorts drückten dieselben Sorgen. „Ich bitte euch, geliebte Brüder, hört meine Worte, die ich an euch richte, denn nahe ist die Zeit, in der die Welt zugrundegeht"; von Träumen und Visionen heimgesucht, beschwor der Mönch und Literat Otloh seine Mitbrüder im Kloster St.Emmeram zu Regensburg. 1064–65 brach tatsächlich eine deutsche Pilgergruppe unter Führung des Bischofs Gunther von Bamberg nach Jerusalem auf, angetrieben von Vatizinien, die den Weltuntergang verhießen. Von Kaiser Heinrich IV. verbreitete man, er sei jener Endkaiser, der während des antichristlichen Schreckensregiments nach Jerusalem zöge, um dort seine Krone am dürren Baum aufzuhängen. Die Teilnehmer des Ersten Kreuzzuges waren durch apokalyptische Zeichen irritiert. „Sterne fielen wie Hagel vom Himmel auf die Erde", eine Seuche und Hungersnot wüteten. Kaum hatte sich das Heer in Frankreich versammelt, zwang es die Juden zur Taufe oder brachte ihnen den Tod; so verlangte es das für die Endzeit angesagte Geschehen. Zumal die Judengemeinden in Mainz, Worms und Speyer wurden Opfer kreuztragender Fanatiker. Voreilige verkündeten schon, Karl der Große sei aus dem Grabe aufgefahren, um das Heer nach Jerusalem zu geleiten, ein Bild des Endkaisertums auch dies.

Die Unruhe hielt an. Oft wühlte sie im Verborgenen, oft brach sie unvermutet auf. Die gregorianischen Kirchenreformer wußten, daß es das Papsttum war, das wahre Kaisertum der Römer, das den endzeitlichen Abfall aufhalte. Der eine oder andere glaubte schon die Zeit der Erfüllung für gekommen. Da sah sich beispielsweise Papst Paschal II. im Jahr 1106 genötigt, mit Bischof Rainer von Florenz zu verhandeln. „Denn der Bischof behauptete, der Antichrist sei geboren. Man disputierte lange. Eine Menge neugierigen Volkes war zusammengeströmt, von hier und da, zahlreich und eilends; doch bekam sie weder das Ende der Synode mit, noch die Entscheidung der Disputation." Rainer verbreitete seine Lehre schon länger, hatte auch schon, und zwar von kaiserlicher Seite, lebhaften Widerspruch zu hören bekommen – niemand wisse Zeit und Stunde –, doch blieb er von ihrer Wahrheit überzeugt.

In derartiger Hartnäckigkeit spiegelte sich, was alle bewegte. Die aufkeimende Wissenschaft, die neue Theologie, die Dogmatik, nicht zuletzt auch die Psychologie der Epoche reagierten darauf. Sie wußten ein neues Sündenbewußtsein zu pflanzen und eine Lehre vom Willen zu etablieren, die umwälzende Folgen zeitigen sollte; die ganze Frühscholastik zehrte direkt oder indirekt von endzeitlichen Bedürfnissen. Im Lichte des Endzeitglaubens konstituierte sich Europa – optimistisch, schöpferisch, zu großen Taten getrieben, doch niemals frei von Angst.

Christian Pfister

Jahrhundertwetter

Das elfte Jahrhundert war warm, möglicherweise so warm wie das zwanzigste Jahrhundert, waren doch die Alpengletscher fast so weit zurückgeschmolzen wie heute. Die Witterungsverhältnisse sind in Chroniken nur sporadisch aufgezeichnet. Großes Echo löste der Strengwinter 1076/77 aus, weil er die agrarische Wirtschaft in arge Bedrängnis brachte.

Unter dem Stichwort „Canossa“ ist dieser Winter in die Geschichtsbücher eingegangen. Als König Heinrich IV. durch die Ernennung von Bischöfen an Sonderrechte der römischen Kirche rührte, sprach Papst Gregor VII. über ihn den Bann aus und löste seine Untertanen von ihrem Gehorsamseid. Heinrich erschien am 25. Januar 1077 vor der Burg Canossa in Mittelitalien, in die der Papst sich zurückgezogen hatte. An diesem und am folgenden Tag stand der König im Bußgewande barfuß im Schnee und erreichte schließlich, daß er vom Banne gelöst wurde.

Der dramatische Höhepunkt fand im kältesten Winter des Jahrhunderts statt. Anfang November fiel in weiten Teilen Europas tiefer Schnee. Im Verlaufe des Winters bedeckten sich große Flüsse – Ebro, Rhone, Rhein, Elbe, Donau, Po – und selbst der Tiber in Rom mit einer tragfähigen Eisdecke. Bis gegen Ende März 1077 hielt die Kälte an. Der Strengwinter von 1963, der bisher letzte dieser Art, weist Ähnlichkeiten mit jenem von 1077 auf. Nach intensiven Schneefällen im Dezember 1962 steuerte damals ein weitgehend stationäres Hochdruckgebiet nördlich von Schottland im Januar und Februar extrem kalte, trockene und kontinentale Luftmassen von Osten her gegen Mitteleuropa. Im

Februar bedeckte sich der Bodensee mit einer so dicken Eisdecke, daß Kleinflugzeuge darauf landeten. Die kalten Luftmassen drangen in den Mittelmeerraum vor und führten im Kontakt mit den atlantischen Störungen zu intensiven Schneefällen, wie dies auch für den Winter 1077 bezeugt ist.

Michael Borgolte

Scheidung kommt nicht in Frage

Der Eremitenprior und Kardinalbischof Petrus Damiani und die Geschichte von den beiden Glücksversprechen

Im Jahre 1069 verlangte der deutsche König Heinrich IV. vom Mainzer Erzbischof, er solle ihn von seiner Gemahlin Bertha scheiden, die ebenso jung war wie der achtzehnjährige Herrscher. Heinrich könne den Widerwillen gegen seine Frau nicht überwinden und habe sie seit ihrem Eheschluß 1066 unberührt gelassen. Das Ansinnen Heinrichs scheiterte noch im Oktober vor dem Gericht des päpstlichen Legaten Petrus Damiani in Frankfurt am Main. Die Entrüstung, die Damiani Heinrich entgegenbrachte, übertrug sich auf seine Umgebung und auf die Nachwelt; dem Salierkönig ist damit Unrecht geschehen. Die folgende Erzählung beruht auf den Fakten der Überlieferung – und auf einer neuen Konstruktion der Zusammenhänge, denn auch die Fiktion kann der historischen Wahrheit dienen.

Er zog über die Alpen, aber er sah sie nicht. Der greise Kardinal achtete nicht auf die schauerlich drohenden, schneebedeckten Felszacken und warf kaum einen Blick in todbringende Abgründe. Der abgemagerte Leib schwankte hin und her, geschwächt von den Nachtwachen, vom Fasten, von den Kniebeugen und der Selbstgeißelung, die sich Kardinal Petrus selbst auferlegte. Seine jungen Mitbrüder konnten es hingegen nicht lassen, miteinander zu bereden, was in ihr Blickfeld geriet. Hier drohte ihm selbst, wie Petrus wußte, die größte Gefahr. Denn das Reden, das er als junger Mann in Parma gelernt und bald darauf als akademischer Lehrer in Ravenna brillant beherrscht hatte, nutzte er auch seit seiner Konversion nicht nur zur bewegenden Predigt; seinem leiblichen Bruder Damianus, selbst Kleriker, bekannte er einst, unter seinen unendlich vielen Sünden, die er mit allen fünf Sinnen, in Gedanke, Wort und Tat begehe, sei die Possenreißerei die schlimmste. Um sich und andere vor dem Unheil zu schützen, hatte sich Petrus Damiani längst auf das Schreiben verlegt, auf lange Briefe an Menschen jeden Standes, an Kaiser und Päpste, Herzöge und Grafen, aber auch an seine eigene Schwester und an die Brüder im Geiste. Oft ging es dann um die Reform der Kirche, um den Kampf gegen Konkubinat und Ehe der Priester, gegen den Schacher mit geistlichen Ämtern oder um den Vorrang des Stuhls von Rom; immer wieder aber mahnte er, an das Heil der eigenen Seele zu denken, denn die Welt war in Unordnung geraten und ihr Ende stand unzweifelhaft bevor.

Einer seiner Briefpartnerinnen gestand er, er scheue sich, einer jungen Frau ins Auge zu schauen, und ziehe es deshalb vor, ihr zu schreiben: „Ich als Greis kann unbesorgt eine alte Frau mit Runzeln und glanzlosen Augen ansehen, aber vor den jungen und schönen Frauen nehme ich mich in acht wie vor dem Feuer. Ich unglücklicher Mensch! Hunderte Male kann ich zuhören, wenn das Evangelium mit seinen Geheimnissen vorgelesen wird, und es haftet nicht bei mir. Aber wenn ich ein einziges Mal eine schöne Frau gesehen habe, kann ich sie nie mehr vergessen. Während sich das von Gottes Hand geschriebene Gesetz meinem Gedächtnis nicht einprägt, läßt sich ein eitles Bild nicht löschen."

Auch jetzt, auf dieser Reise nach Deutschland, ging es um eine Frau, um Bertha nämlich, die Tochter der Markgräfin Adelheid. Heinrich II. hatte sie einst als kleines Mädchen an seinen Hof geholt und mit dem fünfjährigen Sohn Heinrich verlobt. Die Kinder waren miteinander und mit Heinrichs Schwestern aufgewachsen, noch lange nach dem frühen Tod des Kaisers, und als Heinrich IV. endlich volljährig geworden war und die Herrschaft übernahm, hatte er sich bald darauf mit Bertha vermählt. Das war nun drei Jahre her und nur deshalb, wie man wußte, überstürzt geschehen, weil der junge König schon krank gelegen hatte wie auf den Tod und – glücklich genesen – bedrängt wurde, für einen Erben zu sorgen. Jetzt aber, bei der Wormser Reichsversammlung im Frühjahr 1069, hatte der Herrscher plötzlich verlangt, von Bertha geschieden zu werden. Erzbischof Siegfried hatte das Urteil auf die Woche nach Michaelis und ein Treffen in seiner Stadt Mainz verschoben. Papst Alexander II. hatte deshalb Petrus, den Eremitenprior und Kardinalbischof, mit der Reise an den Salierhof beauftragt.

Der Weg nach Mainz war weit und man hatte Eile; viel mehr als 30 Kilometer im Durchschnitt aber waren am Tag kaum zu schaffen. Unterwegs konnte Petrus mit seiner Begleitung in einem der neuen Hospize nächtigen, die jetzt errichtet wurden, um die steigende Zahl von Pilgern und Kaufleuten in Europa mit christlicher Nächstenliebe, aber auch um des Geldwertes willen zu versorgen. Petrus war froh, wenn er in diesen Gasthäusern eine Einzelkammer fand, um ungestört zu beten, zu meditieren und Buße zu tun. Er wußte, was in den Herbergen sonst abging, und scheute die Erinnerung daran: wie er etwa einst in Parma, der Kindheit kaum entwachsen, zur Liebesglut entzündet wurde, als bei seinem Hospiz ein Priester bei seiner Geliebten verkehrte.

Wie hatte es so weit kommen können mit dem jungen Heinrich, fragte sich Damiani. War er nicht der langersehnte Sohn seiner Eltern gewesen? Gewiß hatte Gott dem Kind durch den unzeitigen Tod des Vaters eine schwere Prüfung auferlegt, ihm aber doch auch eine fromme Mutter zur Seite gestellt. Wenn Petrus über diesem Grübeln einschlummerte, mochte es geschehen, daß er im Traum seiner eigenen Jugend begegnete. Auch er hatte seinen Vater früh verloren,

Goldenes Buch von Prün,
Kaiser Heinrich IV. und Bertha

aber er war das letzte, unerwünschte Kind in der Familie gewesen. Auch die Mutter war bald darauf gestorben, so daß er im Hause des Bruders und seiner Frau aufwuchs, gehalten wie ein Knecht. Unvergessen war zwar, daß sich seine Schwester Rodelinda zeitweilig um ihn bemüht hatte, aber erst Damianus, der Geistliche, hatte ihn auf den guten Weg gebracht und studieren lassen. Die Narben der frühen Jahre waren geblieben. Nie mochte er selbst eine Frau berühren und glücklich pries er deswegen den Tag, an dem ihm zwei Mönche von Fonte Avellana die Augen geöffnet hatten für die weltferne Ruhe des Einsiedlerlebens.

In Mainz langte die kleine Reisegesellschaft dann doch einige Tage vor dem anberaumten Termin an; Heinrich IV. ließ auf sich warten, schließlich hörte man, der König werde gar nicht nach Mainz kommen. Erst jetzt erfuhr Petrus, daß Erzbischof Siegfried heimlich nach Rom geschickt hatte, und begriff, daß sich der Salier nur vor dem Erzbischof, nicht vor dem Abgesandten des Apostelfürsten rechtfertigen wollte. Heinrichs Vertraute konnten ihn bewegen, die Versammlung nur zu verlegen. Der König lud deshalb in seine Pfalz nach Frankfurt ein; trotz des Salvatorstiftes war hier der Einfluß der Geistlichkeit minder stark. Da kümmerte es ihn wenig, daß Frankfurt lange keinen Herrscher mehr gesehen hatte und der Hof der Karolinger und Ottonen zusehends verfiel neben den Handwerkerbuden und Kaufmannshäusern der aufstrebenden Bürgerschaft.

Als der Tag der Versammlung gekommen war, wiederholte der König sein Ansinnen von Worms. Heinrich machte gar nicht erst den Versuch, eine zu enge Verwandtschaft mit Bertha zu belegen, was stets der sicherste Weg zur Zustimmung der Kirche für eine Ehescheidung war; er warf Bertha auch keine sexuellen Fehltritte und schon gar keine Mordpläne gegen ihn vor. Statt dessen beschwor er, daß er sie jungfräulich empfangen und ihre Keuschheit in den drei Jahren ihrer Ehe niemals befleckt habe. Jungfräulich würde sie also eine neue Ehe eingehen.

Was Damiani irritierte, war, wie gefühlig Heinrich redete. Man möge doch erlauben, die Fesseln einer Ehe zu lösen, die unter schlechten Vorzeichen geschlossen war, damit beide, Bertha und er selbst, durch eine zweite Heirat glücklicher würden. Ob Damiani verstand, was Heinrich hier begehrte?

Klar gab Damiani den Bescheid des apostolischen Stuhls, den Alexander ihm mitgegeben hatte: Heinrichs Verhalten sei im höchsten Maße verwerflich und in keiner Weise vereinbar mit dem christlichen, geschweige denn mit dem königlichen Namen. Schließlich, wenn Heinrich sich durch Ratschläge nicht umstimmen lasse, werde er, der Papst, notgedrungen kirchliche Gewalt anwenden und auf Grund des kanonischen Gesetzes das Verbrechen verhindern. Nach dieser Rede des Kardinals war Heinrichs Sache verloren, und er wußte es. Die Fürsten drangen, warnten ihn, die Familie Berthas werde Rache nehmen für die Schmach einer Verstoßung; dann werde er Unruhe über das Reich bringen, wo es doch seine Pflicht sei, den Frieden zu wahren. Heinrich gab auf und rief: „Wenn das bei Euch unabänderlich beschlossen ist, will ich mich selbst bezwingen und, so gut ich kann, die Bürde tragen, die ich nicht abwerfen kann."

So hastig der König darauf Frankfurt, die Stätte seiner Schmach, verließ und Bertha nicht weiter beachtete, so rasch wandte sich auch Petrus Damiani heimwärts nach Italien. Anfang 1072, im Alter von 65 Jahren, begab er sich noch einmal in seine Heimatstadt Ravenna, abermals im Dienst des Papstes Alexander. Auf dem Rückweg starb er in einem Kloster bei Faenza. Gewiß hatte Damiani noch erfahren, daß sich König Heinrich inzwischen mit Bertha abgefunden hatte und eine rechte Ehe führte; schon 1070 war dem Paar das erste, im Jahr darauf das zweite Kind geboren worden, und wenn beide auch gleich nach der Taufe gestorben waren, bestand doch weiter gute Hoffnung auf einen Thronfolger. Tatsächlich hat Bertha dann noch zwei Königen das Leben geschenkt; Frankfurt hatte sich also als politischer Erfolg erwiesen, ganz gewiß. Und trotzdem sind die Schatten, die über der Ehe mit Bertha lagen, von Heinrich nie gewichen. Beide Söhne rebellierten gegen den Vater, der zweite, Heinrich V., stürzte ihn gar vom Thron. Als Heinrich IV. 1106 starb, war er verlassen fast von allen, beweint vor allem von den Armen. Die Totenklage, die einer seiner Getreuen anstimmte, rückte den Abfall der Söhne in die Mitte der Lebensbeschreibung. Er rief aus: „Was werden erst die Feinde tun, wenn selbst die eigenen Kinder gegen die Eltern aufstehen? Wo kann man sich Sicherheit versprechen, wenn man selbst vor dem nicht sicher ist, den man gezeugt hat? Man lasse ab von der Ehe, niemand möge sich einen Erben wünschen! Dein Erbe wird dein Feind sein, denn er entreißt dir nicht nur Haus und Gut, er trachtet dir auch nach dem Leben!"

Das war das literarische Denkmal für den Salier Heinrich IV. Für Petrus Damiani hielt die Nachwelt dagegen die Apotheose bereit. In der „Göttlichen Komödie" Dantes begegnet der Wanderer im Jenseits dem verklärten Eremiten im Himmel des Saturn. Damiani nennt selbst seinen Namen und rühmt seine Einsiedelei im Apennin: „Dort oben festigte / ich meine Kräfte so im Dienste Gottes, / daß ich, vom Safte der Olive nur/mich nährend, Hitz und Kälte leicht ertrug, / zufrieden in beschaulichen Gedanken." Wie das Eremitenkloster inzwischen verfallen sei, so trügen das Kleid des Kardinals jetzt nur noch Unwürdige: „Die heutigen Hirten wollen rechts und links – / so schwer sind sie – gestützt sein und geführt, / und hinten muß die Schleppe einer tragen. / Der Mantel deckt den ganzen Zelter zu, / zwei Bestien stecken unter einer Decke. / Wieviel erträgst du, himmlische Geduld!" Trotz dieser kritischen Vorbehalte, die ihm der Dichter nicht zu Unrecht unterstellt, verehrt die römische Kirche selbst Petrus Damiani bis heute als einen ihrer großen Lehrer; vor dreißig Jahren erst hat ihn Papst Paul VI. heiliggesprochen.

Michael Jeismann

Jüngste Tage

In der Falle

Papst Johannes XXII. muß gewußt haben, in welche Verwirrung das Nachdenken über die Zeit die Menschen stürzt, und verbat deshalb Anfang des vierzehnten Jahrhunderts kurzerhand, daß man sich mit Zeitmessung beschäftigte. Auch in früheren Jahrhunderten hatte man ein Gespür für die Gefährlichkeit der Sache. So berichtete Augustinus im elften Buch seiner „Bekenntnisse", daß mancher auf die Frage, was Gott machte, bevor er Himmel und Erde schuf, antwortete: „Er baute eine Hölle für Leute, die zu hohe Dinge erforschen wollen." Das war vielleicht gewitzt, aber auf keinen Fall ein Witz, und Augustinus mußte viel Beredsamkeit aufbieten, um sein hartnäckiges Nachdenken und seinen Wissensdurst zu rechtfertigen. Und weil immer neue Rechtfertigungen gefunden wurden, sich mit der Zeit zu beschäftigen, waren alle Warnungen und Verbote in den Wind gesprochen. Sehr zu Unrecht.

Der vergebliche Versuch etwa, die Unumkehrbarkeit der Zeit nicht nur experimentell, sondern auch theoretisch zu beweisen, trieb zwei bedeutende Physiker, Ludwig Boltzmann und Paul Ehrenfest, in den Selbstmord. Nicht einmal in der Literatur geht es gut aus. H.G. Wells läßt den Zeitreisenden seiner „Zeitmaschine" nach dem zweiten Ausflug nicht mehr zurückkehren; er ist in der Zukunft verschollen. Jahre später zog Aldous Huxley die Konsequenz und schrieb einen Roman mit dem Titel: „Zeit muß enden".

Am rätselhaften Wesen der Zeit hat sich trotz aller Forschung und literarischen Zeitbeschwörungen nichts geändert; man weiß heute mehr und weiß doch nicht Bescheid. Augustinus traf es genau, als er feststellte, daß er wisse, was Zeit sei, solange er nicht darüber nachdenke; sobald er aber zu sagen versuche, was Zeit sei, wisse er es nicht mehr. Angesichts dieser provozierenden Paradoxien ist es kein Wunder, daß die Menschen periodisch, von Zeit zu Zeit sozusagen, von einer Zeitwut gepackt werden. So sollte Anfang unseres Jahrhunderts die Zeit plötzlich alles sein und alles zugleich: relativ nach Einstein, neu nach den Sehnsüchten der Jugendbewegung und der Utopisten, alt für die Septiker und politischen Nostalgiker, absolut oder absolut innerlich für die Philosophen.

Was so viele Hoffnungen und Ängste, soviel Nachdenken und Nachprüfen nach sich zieht, soll es genaugenommen gar nicht geben. Einstein hatte die Zeitformen schon eine „hartnäckige Illusion" genannt und nach den modernsten Theorien sind die Grundgleichungen der Quantenphysik ohne den Faktor Zeit durchzuführen. Während man noch auf die experimentelle Bestätigung der nichtexistierenden Zeit wartet, kann man die, die es nicht gibt, immer genauer messen. So scheint die Epoche der konventionellen Cäsium-Atomuhren mit unserem Jahrhundert auch schon wieder zu enden. Denn diese Uhren, die seit 1949 den Takt der Zeit schwingen lassen, sind nach heutigen Erkenntnissen recht grobe Instrumente. Tausendmal genauer wird eine Messung sein, bei welcher das Pendel ein Atom ist, das in einer mit Lasern konstruierten optischen Falle schwingt.

Wir ahnen, dem Atom geht es dann wie der Menschheit, die auch in der Falle der Zeit sitzt. Denn unsere Zeit ist irreversibel: vergangen ist auch vorbei. Die Physiker haben dafür den schönen Ausdruck vom „deterministischen Chaos" gefunden. Die Zeit ist ein Pfeil, der bis auf weiteres nur in eine Richtung fliegt – auch wenn die Irreversibilität der Zeit weder in der klassischen Mechanik noch in der modernen Atomtheorie enthalten ist.

Augustinus kam angesichts der Unfaßbarkeit der Zeit auf den Gedanken, daß die drei uns bekannten Zeitformen womöglich nur ein „Versteck“ seien, „aus dem die Gegenwart hervorkommt, wenn Zukünftiges gegenwärtig wird.“ Das Versteckspiel der Zeit und mit der Zeit führt in fernste und nächste Regionen: ins All und in die Neurochemie. Der Astrophysiker Kip Thorne hat „kosmische Wurmlöcher“ ausgerechnet, durch die man Zeit überholen könnte. Gehirnforscher und Molekularbiologen wie Gene Block haben in den letzten Jahren zwei Taktzentren im Gehirn entdeckt, die dem Menschen den Lebensrhythmus vorgeben. Und unsere Gegenwart dauert neurologisch gesehen nicht länger als drei Sekunden.

Die Zeit selbst aber hat man noch immer nicht gefunden. An die Endzeit darf man zum Jahreswechsel trotzdem glauben, auch wenn wir uns wegen eines frühmittelalterlichen Rechenfehlers bei der Datierung von Christi Geburt bereits einige Jahre nach der Jahrtausendwende befinden. Schließlich sind die Zeiger auf der wirklich existierenden Welt-Katastrophenuhr jüngst wieder ein wenig vorgestellt worden. Unterdessen wissen wir: Das Leben ist ein Narr der Zeit.

Wilfried Wiegand

Die Kunst erschafft das Mittelalter

Henri Focillon über die europäische Romantik

Nein, im Jahr 1000 hat keine neue Kunst begonnen. So sehr die Menschen damals das Ende des Jahrtausends als apokalyptisches Signal begriffen haben mögen, so haben sie andererseits doch der Nachwelt nicht den Gefallen getan, zum Jubiläum etwas Neues und Bleibendes zu schaffen. Daß wir diese Erwartungen hegen, offenbart nach einem Wort des großen französischen Kunsthistorikers Henri Focillon (1881–1943) lediglich, daß wir, trotz aller vermeintlichen Modernität unseres Denkens, „in dieser Hinsicht noch Gefangene einer schematischen Geschichtsauffassung sind".

Focillon hat diesen Satz in seinem großen Buch über die mittelalterliche Kunst geschrieben, wo er darauf hinweist, daß Europa nicht einmal politisch mit dem Jahr tausend zu seiner endgültigen Form, geschweige denn zu einem neuen künstlerischen Ausdruck fand. Die normannischen Eroberungen Englands und Siziliens lange nach der Jahrtausendwende belegen, daß Europa noch tief im elften Jahrhundert nicht zur Ruhe gekommen war.

Das aber sollte, so ermahnt uns Focillon, nicht davon abhalten, die Beruhigung, die relative Stabilität wahrzunehmen, die nach einem jahrhundertelangen Zeitalter der Völkerwanderungen – „der Invasionen", wie man in Frankreich sagt – nun doch eingekehrt war. Hat man sich von der Magie der Zahl erst einmal gelöst, akzeptiert man, daß Geschichte niemals „pünktlich" ist, und pocht nicht länger pedantisch auf das runde Datum – dann freilich öffnet sich der Blick für eine kunsthistorische Sensation, die sich tatsächlich im weitesten Sinn „um“ das Jahr tausend herum ereignet hat: die Entstehung der Romanik, die uns mittlerweile, nicht zuletzt dank Henri Focillon, als das erste gesamteuropäische Kunstereignis gilt.

Daß wir diese Kunst als etwas so Einzigartiges sehen, als die erste visuelle Sprache, die von den Künstlern ganz Europas wie ein Esperanto der Bauformen, wie ein skulpturales Neulatein geläufig „gesprochen“ und in ganz Europa wie eine Umgangssprache des Auges verstanden wurde – darüber haben uns mittlerweile zwar viele Autoren belehrt, aber keiner mit so viel Charme und so großer Autorität wie Henri Focillon, dessen gedankenreiches, visionäres, stilistisch bezwingendes, niemals ins Deutsche übersetzte Hauptwerk „Art d'Occident“ zu den klassischen Werken der Kunstliteratur gehört.

Focillons Stil gehorcht der Rhetorik der französischen Klassiker des siebzehnten Jahrhunderts, was sich, entgegen einer verbreiteten Vorstellung, für einen französischen Autor nicht von selbst versteht. Focillons Stil befolgt die klassische Regel, für jeden Gedanken einen eigenen Satz zu verwenden, was bei anspruchsvollen Autoren auch die umgekehrte Konsequenz zur Folge hat: jeder Satz ein neuer Gedanke. Daß Focillon gegen das unaufhaltsame Veralten von Details das Paradoxon eines jung gebliebenen wissenschaftlichen Buches gelang, hängt freilich auch damit zusammen, daß dessen Grundgedanke etwas Visionäres hat: die Idee einer europäischen Kultur, die große, niemals widerlegte, weil niemals verwirklichte Utopie, die zwischen den beiden großen Kriegen die besten Köpfe beschäftigte, und deren Erprobung in der Praxis wir vielleicht in den kommenden Jahren erleben werden.

„Art d'Occident“ ist 1938 erschienen. Als Focillon sein Buch schrieb, war der Stilbegriff „romanisch“ schon über hundert Jahre alt. Und selbst damals hatte er nicht „erfunden" werden müssen, denn er war in der Sprachwissenschaft schon da. Ein Franzose übertrug ihn in die noch junge Kunstgeschichte, und französische Kunstschriftsteller haben ihn dann durchgesetzt. Ihre Begründung unterschlug die Herleitung von den Sprachwissenschaften nicht, sondern machte daraus das Argument, die frühe mittelalterliche Kunst solle „art roman" heißen, weil sie von der „art romain" des antiken Rom so ähnlich abstamme wie die romanischen Sprachen vom Latein.

Die Begründung, wohl weil sie so vereinfacht ist, klingt immer noch verführerisch einleuchtend. Wieviel mehr muß sie einer Epoche eingeleuchtet haben, die trotz romantischer Schwärmerei für das Mittelalter die Weltgeschichte nach wie vor als Schauspiel betrachtete, in dem Blütezeiten und Verfallsepochen wie die Akte eines Dramas aufeinanderfolgten. Schnell setzte sich der neue Name sogar in Deutschland durch, wo er die in der Goethezeit üblichen Bezeichnungen „byzantinisch" und „rundbogig" verdrängte.

Focillon ist also keineswegs der erste, der sich dranmacht, die romanische Kunst zu deuten. Hinter sich und neben sich hat er eine Handvoll konkurrierender Theorien. Aber ihm gelingt auf Anhieb ein neuer Ansatz, für dessen Originalität sein Schüler André Chastel die Formel fand. Focillon habe den Mut gehabt, sich vom Begriff Mittelalter zu trennen, „indem er seinem großen Buch, das die gesamte Epoche behandelt, den Titel einer ‚Kunst des Abendlandes' gab". Zwar benutzt Focillon im Text seines Buches das Wort Mittelalter zwar ebenso häufig wie alle anderen Autoren, der Titel signalisiert dennoch sein Programm. Mittelalter – er nimmt den Begriff beim Wort – heißt Zwischenzeit, aber als Produkt eines Übergangs will Focillon diese mittelalterliche Kunst nicht verstanden wissen. Wir werden sie, so warnt er uns, nicht begreifen, wenn wir sie dadurch charakterisieren, daß sie irgend etwas „nicht mehr" oder „noch nicht" ist. Sie ist in sich ebenso komplett und vollkommen wie die Kunst anderer Epochen und in ihren Höchstleistungen ebenso klassisch wie diese. Man spürt die weltanschaulichen Turbulenzen, die ästhetischen Aufgeregtheiten der Zeit nach dem Ersten Weltkrieg, wenn Focillon lakonisch behauptet, das Mittelalter sei uns heute näher als die Renaissance. Er unterscheidet jedoch sofort zwischen frühem und reifem Mittelalter. Dieses, die Gotik, sei uns menschlich ganz nah, die Romanik jedoch, auch wenn sie uns mehr zu sagen habe als die Renaissance, „befremdet uns".

Das irritierend Rätselhafte dieser Kunst wird von Focillon in bildhaften Vergleichen beschworen. Eine „exotische Tönung" liege über den Themen der romanischen Kunst. Fabeltiere wie aus „der Menagerie eines orientalischen Herrschers" beträten den christlichen Kirchenraum, wo in den Skulpturen und Reliefs „der Mensch selbst zum Monster wird". Was die Künstler der Romanik allenthalben entwerfen, sei wie „ein kollektiver Traum", und die Monster der Apokalypse gehörten weniger der von Gott geschaffenen Welt an als „einem Traum, den Gott am Vorabend der Schöpfung träumte".

Eine gewissen Nähe zu den Surrealisten ist nicht zu übersehen, zumal die Metamorphose, sobald er auf Plastik zu sprechen kommt, auch sein Lieblingsbegriff ist. Wiewohl er den Drang zur Abstraktion in den romanischen Figuren betont, hütet er sich doch vor jeder vereinfachenden Formel, vor jeder Erklärung, die den Anspruch erhebt, restlos Klarheit zu schaffen. Focillon weicht, wenn es zum Schwur kommt, oft in sprachliche Bilder aus, sein Tonfall kann regelrecht lyrisch werden – nicht um etwas zu vertuschen, sondern als Geste des Respekts vor dem Unerklärlichen. Mit der Autorität dessen, der selbst viel gezeichnet und radiert und mit befreundeten Künstlern diskutiert hat, aktualisiert Focillon nun das uralte Bild von Gott als Künstler:

Die von monströsen Figuren bevölkerten romanischen Bildwerke seien gleichsam eine erschreckende und später verworfene Ideenskizze Gottes für seine Schöpfung.

Als dilettierender Künstler hat Focillon den Schaffensprozeß an sich selbst beobachtet und eine außergewöhnliche Hochschätzung der kreativen Freiheit entwickelt. Gegen alle Doktrinen der Kunstgeschichte hat er, darin Goethe nicht unähnlich, die Psyche des Künstlers zum Ausgangspunkt seines Kunstverständnisses gewählt. Keine Ableitung von irgendwelchen äußeren Gegebenheiten oder vermeintlichen geistigen Gesetzmäßigkeiten und nicht einmal nachweisbare Einflüsse können das Wunder des großen Kunstwerkes erklären, das niemals ableitbar ist. Kunst ist Form, wie das Leben Form ist. Ohne Form bliebe das Leben unsichtbar und die Kunst ebenso. Der Stil der Kunst ist lediglich das, was wir auf anderen Gebieten Niveau nennen. Auch der romanische Stil ist nicht ableitbar, nicht einmal von einem fiktiven „Geist" des Mittelalters. Denn wo wäre das Mittelalter, wenn wir es nicht in seiner Kunst wahrnehmen könnten? Es gibt kein Mittelalter außerhalb der mittelalterlichen Kunst. Vielmehr hat diese Kunst erst geschaffen, was wir nachträglich das Mittelalter nennen. Nicht das Mittelalter, das letztlich nur ein abgeleiteter Begriff ist, kommt zuerst, sondern die Kunst.

Wie aber verhält es sich mit der Religion? War sie nicht zuerst da und hat dann erst die großen Bauwerke der Romanik und Gotik hervorgebracht? Focillons Antwort pocht abermals auf den Primat der Kunst. Der Christus der Romanik, als Weltenrichter über dem Portal der Kirche thronend, wie ihn vor allem das zwölfte Jahrhundert mehrfach so meisterhaft geschaffen hat, war auch in die Seelen der Gläubigen vor allem durch seine steinerne Präsenz eingekehrt. Ohne diese Kunst wäre er vielleicht gar nicht vorhanden gewesen, ohne die großen Kirchenbauten der Romanik wäre

Hauptportal zwischen Vorkirche und Mittelschiff von Ste. Madeleine in Vézelay, um 1130

das Christentum gleichsam wohnungslos geblieben und hätte zumindest nicht in der Form und mit der Macht bei uns heimisch werden können, die wir heute als typisch mittelalterlich empfinden. Es gibt keine romanische Religiosität außerhalb der romanischen Kunst. Sie gibt diese Religiosität nicht etwa ihre eigene, unverwechselbare Form, sie ist diese Form.

Die romanische Kunst folgert auch nicht aus den Gegebenheiten von Technik und Material. Der romanische Bildhauer, beharrt Focillon, gehorcht nicht der Architektur, er ist selbst ein Architekt, wenn auch im kleinen. Die Skulptur folgt nicht der Architektur, sie selbst ist architektonisch. Sehen die Schreine, die in den Kathedralen stehen, nicht manchmal aus wie kleine Kirchengebäude? Wie die Puppe in der Puppe steht sozusagen ein Bauwerk in einem anderen, und beide gehorchen den gleichen Gesetzen. Hat die eine Gattung die andere beeinflußt? Focillon winkt ab: Wozu diese Frage stellen, die überflüssig sei, angesichts „der Einheitlichkeit des Stils". Die Romanik unterscheidet sich für Focillon von allen Epochen, die Antike inbegriffen, weil die Künstler den Stein restlos als Ausdrucksmittel nutzen. In anderen Epochen sind der Bau und die Plastik am Bau zweierlei, in der Romanik gestalten Architekt und Bildhauer den gleichen Stoff, das gleiche Objekt; in anderen Epochen sind große Steinmassen Zeichen von Archaik oder Dekadenz, nicht aber in der Romanik, die mit gewaltigen Baumassen klassisch ist.

Am Ende des zehnten und fast im ganzen elften Jahrhundert werden die Fundamente der romanischen Kunst gelegt. Für Focillon ist sie keine Fortsetzung eines anderen Stils. Die lombardische Baukunst Norditaliens, die ottonische Kunst Deutschlands, der „premier art roman" Südfrankreichs und Spaniens sind für ihn nicht Vorstufen, sondern Regionalsprachen, die in anderen Bezirken Europas gesprochen wurden. In ihnen manifestieren sich die Vermächtnisse des Orients, des Nordens, der römischen und der karolingischen Kunst. Die Romanik aber, die im Herzen des damaligen Europa entsteht und vor allem durch die Großbauten am Rande der Pilgerstraßen schnell in viele Länder exportiert wird, fängt noch einmal wie von vorne an. Sie ist kein regional begrenztes, sondern ein europäisches Ereignis, das erste der Kunstgeschichte. Sie hat gewissermaßen Europa „erfunden", ihm eine Form geschaffen, die politisch noch gar nicht ausgefüllt war und die bis heute nicht ausgefüllt ist.

EBERHARD STRAUB

Alles gerät in Bewegung

Die Entdeckung des Raums, des Reisens, der Naturbeherrschung und des Individuums

Um das Jahr 1000 hatten die Bewohner Europas keine Vorstellung davon, Europäer zu sein. Am Ende des elften Jahrhunderts, als sie gemeinsam zum ersten Kreuzzug aufbrachen, waren sie sich bewußt, trotz aller regionaler Unterschiede, zusammen eine Welt zu bilden. Als „Franken" wurden sie von den anderen als Gemeinschaft anerkannt und benannt, für die sie selber vorerst keinen Namen besaßen. Ähnliche Lebensgewohnheiten und rechtliche Institutionen, die gleiche Religion, verwandte sozialkulturelle Anschauungen, kurzum ein gemeinsamer „Stil" ließ sie ihre Zusammengehörigkeit erfahren.

Beim Übergang in das neue Jahrtausend vermuteten die besten Köpfe, daß sich die Welt überraschend verjünge. Während des langen Verwesungsprozesses der Spätantike wurden alle Unzulänglichkeiten mit der unvermeidlichen Erschaffung der ins Greisenalter getretenen Welt erklärt. Doch jetzt durchdrang die Aufforderung des heiligen Augustinus: *Nos sumus tempora,* wir sind die Zeiten, wir prägen ihren Charakter, die mutigsten Gemüter. Entschlossen ließen sie sich auf das Wagnis ein, welches das Christentum von ihnen verlangte: sich und damit die Welt zu erneuern. Was in diesem Sinne zählte, war nicht, was man ererbt hatte, sondern was man tätig selbst gewinnt. Zum Christen wird keiner geboren. Christ wird jener, der den alten Adam abstreift, der im Zeichen des Neuen Bundes als neuer Adam und neuer Mensch nach dem neuen Jerusalem strebt, von dem die neuen Zeiten eine Vorahnung vermitteln. Es war das Christentum, das eine Aufbruchstimmung weckte, einen Elan, der als *élan vital* zu einer gründlichen Umgestaltung aller Lebenszusammenhänge führte, zur versöhnenden Abschaffung des Alten durch ein wirklich lebendiges Neues, um mit Jacob Burckhardt zu reden.

Jetzt erst christianisierte sich der Okzident gründlich und trat in eine neue Zeit ein, weil ein neues Bewußtsein, eine neue Mentalität dazu aufmunterte, die Welt nach eigenem Willen zu ordnen, sie dem planenden, rechnenden Zugriff des unerschöpflichen Individuums zu erschließen und sie sich bekannt zu machen. Man tastete sich in eine neue Zeit vor, die bis zum Anbruch der allerneuesten Neuzeit, bis 1789, bis zur Französischen Revolution dauerte.

Das alte Europa, das im elften Jahrhundert in eine neue Welt aufbrach, setzte die wichtigste Potenz frei, die seine Zukunft bestimmte: das unfaßliche Individuum. Kaiser Otto III., dies Wunder, ja die Zusammenballung aller Wunder der Welt, steht am Anfang. Er war inkommensurabel mit seinem Wissensdurst, mit der Selbständigkeit seines Denkens. Sein Lehrer, der spätere Papst Silvester II., verwies ihn nicht auf den Trost des Glaubens, auf die Bibel, um Ruhe in den Trostlosigkeiten des mächtigen Daseins zu finden, sondern auf die Philosophie, auf Cicero, auf die von Gott gegebene Vernunft, um die widrige Welt dennoch durchdringen und sich gefügig machen zu können. Am Ende des Jahrhunderts regierte der kaum weniger faßliche Kaiser Heinrich IV., feinsinnig, klug, stets begierig, mehr zu wissen. Dieser rätselhafte Mann, dessen Leben nie seinen Shakespeare gefunden hat, beschloß, sich von seiner Frau zu trennen, weil es ihn einfach zu viel Überwindung kostete, sich ihr lieblos zu nähern. Natürlich verwirrte er seine Zeitgenossen damit: Ein Kaiser, der einen Typos darstellen soll, kann nicht privaten Launen nachgeben. Aber mit ihm beginnt die verwegene Geschichte der individuellen Selbstherrlichkeit.

Nach innen führte der geheimnisvolle Weg. Der Glaube verwies jeden auf sich und den ihm hoffentlich gnädigen Gott. Die Sprache Gottes richtig zu verstehen, dazu leitete eine Seelsorge an, die jetzt erst systematisch entwickelt wurde, weil sich nach ihr ein unruhiges Verlangen äußerte. Häretische Bewegungen, bislang im abendländischen Europa kaum bekannt, waren der Zwilling vertiefter, ganz persönlicher Bemühungen um ein gottgefälliges Leben. Mit ungemeiner Energie schritt man zur Entzauberung der Welt. Götter und Dämonen wurden vertrieben – und lebten als Kobolde im zähen Aberglauben weiter –, der Mensch entzog sich der Abhängigkeit von einer übermächtigen Natur. Sie wurde zur beherrschbaren, ausnutzbaren Materie. Die Wälder fielen, dem Meer wurde Land abgerungen, die willentlich gestaltete Kulturlandschaft bändigte das willkürliche Wuchern. Das bewußt veranstaltete „Waldsterben“ durch planmäßige Rodung war als Kahlschlag ein Befreiungsschlag. Was übrigblieb, ist der später poetisierte „deutsche Wald“, der damals erfolgreich auf den Bestand reduziert wurde, den wir heute kennen. Erfolgreich, weil damit der Rebe, dem wahren Geschöpf des Lichtes, wie Goethe sie pries, Platz geschaffen wurde und mit ihr, als Symbol höheren Lebens, allen Tätigkeiten, die Kultur ermöglichen.

Die Dreifelderwirtschaft setzte sich durch, der Schaufelpflug und die Egge. Der gewonnene Raum lockte Siedler, gewährte ihnen Freiheiten, also Rechte. Er löste aus dem Verharren im Hergebrachten. Zu den ländlichen Gemeinschaften und Herrschaften, in denen die *pauperes* und *potentes,* die Unfreien und die Freien, lebten, traten nun die Städte hinzu und mit ihnen der Bürger. Nie wurden in Mitteleuropa jemals wieder so viele Städte gegründet.

Ausschnitt aus dem Teppich von Bayeux: Holzfäller bei der Arbeit

Vor allem versetzte die Stadt die entschlossensten ihrer Bewohner in weite Beziehungen. Die Fernhändler, die wahren Conquistadoren des Jahrhunderts, verknüpften das sich untereinander kaum vertraute Europa zu einem Netz wechselseitiger Bedürfnisbefriedigung und damit Abhängigkeit. Die von vornherein internationale Kraft des Adels, der Ehebündnisse stets ungeachtet aller räumlichen Begrenzungen suchte, ergänzte von nun an die Macht der Märkte und Messen, die Macht der Mode und des Geschmacks. Keine Region Europas, von Kiew bis über die Pyrenäen, von Südwesten bis Sizilien, konnte unbehelligt von den Einflüssen der übrigen Christenheit bleiben. Schließlich entdeckten damals Deutsche, Franzosen, Italiener oder Engländer ihre jeweiligen „Nationen“ und begannen, ihre Dialekte zu einer Kunstsprache zu formen.

Das hielt sie nicht davon ab, von den anderen zu lernen. Alles Neue erzieht. Griechische Maler aus Süditalien oder Steinmetze aus der Lombardei brachten neue Techniken, eben Kunstfertigkeiten, in das frühe Nebel- und Niflheim, das sich auch schmücken wollte. Der Römische Kaiser und deutsche König, dauernd auf Reisen, um sich auch fernsten Abhängigen zu zeigen und Recht zu schaffen oder zu erhalten, ist nur das anschaulichste Beispiel für eine Gesellschaft, die seit dem elften Jahrhundert in Bewegung ist. Künstler und Wissenschaftler vagabundierten, die Händler zogen dahin, wo Tausch und Gewinn lockte, die Frommen pilgerten nach Santiago, nach Rom oder Jerusalem.

Sie alle waren auf Unterrichtung angewiesen, wie man sich angemessen im ungewohnten Raum bewegt, auf Unterkunft, auf praktische Hilfe, vom Münzumtausch bis zu kundiger Führung zum segensreichen Gnadenbild. Der Tourismus mit all seinen Verzweigungen entstand. Zugleich aber brachte er Menschen, Sitten, Torheiten und Liebenswürdigkeiten zusammen. Die Welt öffnete sich dem, der sich auf sie einließ. Aber aus der römischen Welt kam auch eine andere Aufforderung: den Dingen Dauer zu schaffen, Institutionen einzurichten, die jeden verpflichteten. Die Kirche sammelte die verschiedensten Bestrebungen unter ihrem Recht und im Zusammenhang ihrer selbstgesetzten Regeln. Mit Gregor VII. stemmte sie ihr Freiheitsbegehren der weltlichen Herrschaft entgegen. Die *Libertas ecclesiae* gab allerdings den Kaisern und Königen das Recht, ihre Freiheit und Gottesunmittelbarkeit zu wahren. Der Kirche wurde die Ehre des Reiches gegenübergestellt. Im *Honor Imperii* liegt im Kern die Würde des königlichen Staates, des Staates als Rechtsstaat, beschlossen, der eigenen Rechtes ist und eine eigene Freiheit besitzt. Beide sich entwickelnden Einrichtungen leiteten eine Geschichte der Freiheit ein, Europas Vermächtnis an die Welt.

KARL MARKUS MICHEL

Drei Tage barfuß im Schnee

Der Gang nach Canossa:
Eine deutsche Obsession und ein Rätselbild der Kasuistik von Demut, Täuschung und Gnade

Es herrschte, wir wir heute sagen würden, ein Jahrhundertwinter. Vom Martinstag bis Ostern waren die großen Flüsse zugefroren. Diesen Frost darf man nicht vergessen, wenn man von Canossa spricht. Vielleicht erklärt er, warum der Berg als einer von ganz wenigen historischen Orten des Mittelalters im Munde der Deutschen frisch geblieben ist.

Wer in jenem Januar 1077 die Alpen überqueren mußte, war übel dran. Unser Reisender, Heinrich IV., war zwar erst sechsundzwanzig und rüstig, aber er führte – warum nur? – seine Gemahlin Bertha und seinen zweijährigen Sohn Konrad mit sich, er mußte den Umweg über Burgund machen, weil die näheren und bequemeren Wege nach Italien in der Hand seiner Feinde waren, die verhindern wollten, daß er an sein Ziel gelangte. So überwand die kleine Reisegesellschaft Anfang Januar, von einheimischen Bergführern geleitet und teils auf Ochsenhäuten sitzend, die mittels Manneskraft oder Pferdestärke hochgezogen und hinabgelassen wurden, den Mont Cenis in Richtung Susa. Hier regierte Berthas Mutter Adelheid, die Markgräfin von Turin, die sich das freie Geleit allerdings teuer bezahlen ließ, mit Ländereien in Burgund. Doch für Heinrich ging es um mehr: um die Krone. Und die Zeit drängte. Die Reisenden wollten den Papst erreichen. Doch wo war der Papst?

Rekapitulieren wir: Im Jahr 1073 war der Kleriker Hildebrand, der mit seinen Reformideen unter den Päpsten

Nikolaus II. und Alexander II. beträchtlichen Einfluß gewonnen hatte, beim Leichenzug für Alexander II. staatsstreichartig zum Papst ausgerufen und an Ort und Stelle, nämlich in St. Pietro in Vincoli, gekrönt worden; *vox populi*... Das war eine Verletzung der gerade erst von Hildebrand selbst durchgesetzten Papstwahldekrete, aber Hildebrand, der sich Gregor VII. nannte, wußte sich eins mit Gott und dem Volk. Eifernd widmete er sich seinen Reformvorhaben: Verbot der Priesterehe, der Simonie, der Laieninvestitur. Das letztere Verbot rührte an die Grundlagen des Heiligen Römischen Reiches. Der ottonischen Reichskirchenordnung zufolge designierte der König oder Kaiser Bischöfe und Äbte und belehnte sie mit dem Kirchenbesitz, indem er ihnen Ring und Stab überreichte. „Es kam einer Revolution gleich, daß dieses alte Recht dem Kaiser entrissen werden sollte", meinte 1832 Leopold von Ranke.

Heinrich, der gerade die Sachsen am Hals hatte, schrieb einen fast unterwürfigen Brief nach Rom. Aber zwei Jahre später, als der Sachsenaufstand niedergerungen war, folgte ein anderer Brief. Heinrich hatte zum Reichstag und zur Reichssynode nach Worms geladen (24. Januar 1076). Die Stimmung unter den versammelten Fürsten und Bischöfen wurde immer papstfeindlicher. Kein Wunder, daß Kardinal Hugo Candidus, der Papstmacher von S. Pietro in Vincoli, der beim Papst schon in Ungnade gefallen war, Gehör und Beifall fand, als er Gregor, den Zölibatsapostel, der Unkeuschheit zieh.

Was war daran? Vermutlich nichts. Aber trotzdem, und gerade dieser heilige Eiferer, der schon den Spottnamen „heiliger Satan" trug: wäre es nicht denkbar, daß – also mit wem? Natürlich nicht mit irgendeiner Novizin, einer Monica, die Sündenerwartung griff damals höher – bitte mit wem? Mathilde, Markgräfin von Tuszien (1046–1115), die „große Gräfin" genannt, die in der Toskana, der Emilia und der Lombardei bedeutende Reichslehen und Allodien besaß, seit fünf Jahren von ihrem Mann, Gottfried dem Buckligen, getrennt lebte und als Reformanhängerin den Papst verehrte, ja mit ihm befreundet war – könnte es nicht mehr als eine Freundschaft sein? Das Gerücht nährt die Geschichte. Und der Brief „An Hildebrand, nicht mehr Papst", der von Worms nach Rom abging, endete: „Wir, Heinrich, König von Gottes Gnaden, mit allen unseren Bischöfen sagen Dir: Steige herab, steige herab!"

Ein unerhörter Akt? Heinrichs Vater, Kaiser Heinrich III., hatte drei Päpste abgesetzt. Unerhört war vielmehr Gregors Antwort, die drei Wochen später erfolgte, eingekleidet in ein Gebet an den heiligen Petrus, die Exkommunikation und Absetzung des Königs: „... entbinde alle Christen des Eides, den sie geleistet haben oder noch leisten werden, und verbiete hierdurch, daß irgend jemand ihm als König diene." Und wirklich, alle fielen von Heinrich ab. Ein Anathema wider den König! Die aufmüpfigen Fürsten forderten von Heinrich, er solle dem Papst Gehorsam und Buße leisten und sich innerhalb Jahresfrist vom Kirchenbann lösen, andernfalls werde er abgesetzt werden.

Aber wo war der Papst? Man wundert sich immer wieder über das Funktionieren der Kommunikation in alten Zeiten. Das einzige wirklich verläßliche Medium war das Gerücht. Gregor? Der steckte doch sicher bei Mathilde! In der Tat war der Papst kurz vor Weihnachten in Richtung Deutschland aufgebrochen, hatte die Festtage mit der Markgräfin in Lucca verbracht, war dann weitergezogen nach Mantua, hatte dort vom Anmarsch Heinrichs gehört und offenbar eine ganze Streitmacht anrücken sehen, vor der er sich über den zugefrorenen Po auf die als uneinnehmbar geltende Festung Canossa am Nordhang des Apennins zurückzog, wo wer residierte? Die Markgräfin.

Es scheint so, als wäre Heinrich auf der Schleimspur des

Gerüchts geradewegs von Savoyen nach Canossa geritten. Dort traf er am 25. Januar ein, dort stand er drei Tage lang „barfuß und nüchtern vom Morgen bis zum Abend“ vor der Burg und klopfte ans Tor, während drinnen die Gräfin Mathilde, Abt Hugo von Cluny, Heinrichs Pate, und wohl auch seine Schwiegermutter Adelheid auf den Papst einredeten, er solle Milde walten lassen. Heinrich stand nicht als Feind vor dem Tor, wie Gregor fürchtete, sondern – ja als was? Hier driften die Erzählungen auseinander. So hört man sagen: als einer, der zu Kreuze kriecht. Oder: als einer, der seinen Gegner fromm überlistet. Oder: als einer, der um der Krone auf seinem Haupte willen das Reich entwürdigt. Oder: als einer, der durch eine persönliche Demütigung das Reich vor dem Zugriff der Kurie rettet. Schon die Zeitgenossen waren sich nicht einig, wie Canossa zu bewerten sei. Allerdings trat an die Stelle der einstigen Visionen von einer Kaiserdämmerung im neunzehnten Jahrhundert eine psychologische und in unserer Zeit eine eher politische Deutung. Der deutsche Liberalismus mit seinem Hang zur Selbstdemütigung tat viel, um Canossa zu einem deutschen Amselfeld zu machen und zugleich die beiden Gegenspieler zu verbiedermeiern. Da tritt Gregor als der Hartherzige und Heinrich als der Gedemütigte auf, etwa in Friedrich Rückerts Schauspiel „Heinrich IV.“ von 1844 oder in einem 1850 erschienenen „Lehrbuch der Weltgeschichte für Bürger- und Gelehrtenschulen“ von dem Breslauer Historiker Friedrich Rösselt.

Dieser weinerlichen Canossa-Stimmung antwortete 1872, zu Beginn des Kulturkampfes – auch er war ja eine Art Investiturstreit –, das eiserne Kanzlerwort: „Seien Sie außer Sorge: Nach Canossa gehen wir nicht, weder körperlich noch geistig!“ Doch Bismarck war noch nicht abgetreten, als der junge Kaiser schon nach Rom fuhr, um an der Seite Leos XIII. aller Welt zu bezeugen, daß es im Reich zwischen

Heinrich IV. im Schloßhof von Canossa,
Holzstich, um 1890, nach einer Zeichnung von Hubert von Heyden

Thron und Altar keinen Streit mehr gab. Besiegelt wurde der Friede durch Ernst von Wildenbruchs „tragische Heinrichsposse“ (Alfred Kerr), die Anfang 1896 im Deutschen Theater in Berlin uraufgeführt und in den folgenden zwei Monaten hundertmal wiederholt wurde: Heinrich und Gregor sind zwar verfeindet, aber ihr Haß ist im Grunde Liebe: „Ich will, daß du mich krönst.“ – „Warum ich?“ – „Weil ich den Tag nicht vergessen kann, da oben, vor Jahren in Goslar. Du sahest aus wie einer, der Wunder tun kann.“ – „Was für Wunder verlangst du?“ – „Gib mir den Gott wieder, den ich in dir gesucht habe, den du mir genommen hast.“ – „Ich kann nicht, wenn du dich nicht beugst! Beuge dich!“ – „Nein!“ – „Du mußt!“ – „Nein.“ – „Nun sollst du nicht Kaiser sein!“ – „Nun werde ich Kaiser sein ohne dich.“ Wunderbar. Und sicher ganz nach Wilhelms II. Geschmack.

In den letzten hundert Jahren ist Canossa gewissermaßen aufgetaut. Aus der Erniedrigung im härenen Gewand wurde ein ritueller Bußgang und schließlich ein politischer Sieg des Büßers. Bemerkenswert ist, daß die protestantisch-liberalen Redaktionen länger als die katholischen an dem alten Canossa-Bild festhielten. Die „Demütigung" überlebt noch im Brockhaus von 1987 („tiefe Selbstdemütigung"), während bereits im Großen Herder von 1932 betont wird, der Gang nach Canossa sei nicht eine „entehrende Unterwerfung der weltlichen Macht unter die kirchliche" gewesen, sondern „ein geschickter und erfolgreicher Schachzug, der in der Anschauung der Zeit nichts Entehrendes hatte".

Unser Heinrich steht noch immer im Schnee, und das Mitleid gewisser Reporter wird laut: Wann endlich gibt Gregor nach? Sie haben noch nicht begriffen, daß es sich um einen Bußgang handelt, der festen Regeln folgt. Nur so konnte ja der Papst förmlich gezwungen werden, etwas zu tun, was seinen Plänen zuwiderlief, nämlich statt als Politiker als Priester zu handeln und den reuigen Sünder, der alle Bedingungen einer *poentitentia publica*, einer öffentlichen Buße, erfüllte, vom Anathema zu lösen. Und dazu gehorten eben die drei Barfußtage vom 25. bis zum 27. Januar im Burghof.

Am 28. Januar folgte endlich die Wiederaufnahme in die kirchliche Gemeinschaft. Der Papst hob den in Kreuzform vor ihm Liegenden auf und erteilte ihm das Abendmahl.

Welche Gefühle die an dieser Zeremonie Beteiligten hatten, spielt keine Rolle – so wenig, wie wenn ein amerikanischer Präsident mit Weib und Kind (und Hund) vor die Fernsehöffentlichkeit tritt und *mea culpa* sagt: da fragt die Nation auch nicht nach Befindlichkeiten, sie prüft vielmehr den himmelnden Blick, die Träne auf den Wangen, die Wärme des Händedrucks mit der Gattin und so weiter; alles muß stimmen, denn es ist eine Inszenierung fürs Volk. Daß das Volk bei Heinrichs Bußgang nicht als Zeuge dabeisein konnte, war ein Mangel. Aber es gab ja die Öffentlichkeit des Gerüchts.

Die deutschen Fürsten wählten trotz der Bannlösung Herzog Rudolf von Schwaben, der dem Papst geschworen hatte, sich von ihm mit dem Königreich Deutschland und Italien belehnen zu lassen. Und Gregor VII. belegte Heinrich während der Märzsynode 1080 ein zweites Mal mit dem Kirchenbann. Jetzt erst war ihm eingefallen, daß er Heinrich in Canossa nur als Christen, nicht aber als König vom Bann befreit hatte. Das nahm man ihm nicht ab. Langsam wendete sich das Blatt. Rudolf obsiegte zwar bei einem Treffen an der Elster im Herbst 1080, verlor dabei aber seine Rechte, die Schwurhand, und starb.

Ein Gottesurteil! Das neunzehnte Jahrhundert liebte dieses Motiv, das sich in Bühnenstücken und Schulbüchern so trefflich machte. Heinrich bestimmte jetzt Erzbischof Wibert von Ravenna zum Gegenpapst, zog mit ihm nach Rom, belagerte die Stadt und machte Gregor das sehr moderate Angebot, er werde den Gegenpapst fallenlassen, wenn Gregor ihn zum Kaiser kröne; der wies das Angebot zurück, er forderte Buße. Nunmehr fielen dreizehn Kardinäle von ihm ab; Heinrich konnte im Triumph in Rom einziehen und ließ Wibert von Ravenna durch Klerus und Volk zum Papst wählen. Der nannte sich Clemens III. und krönte im Gegenzug Heinrich zum Kaiser. Das geschah Ostern 1084 in der Peterskirche, nur ein paar hundert Meter entfernt von der Engelsburg, wo Gregor seiner Befreiung durch den Normannenherzog Robert Guiscard harrte. Als der endlich eintraf, wüteten seine Mannen in der Stadt so sehr, daß sich der befreite Papst dort nicht länger halten konnte. Zusammen mit den Normannen zog er nach Salerno, wo er 1085 starb, verstockt in seiner Heiligkeit. „Ich habe die Gerechtigkeit geliebt und die Gottlosigkeit gehaßt, deshalb sterbe ich in der Verbannung“, waren seine letzten Worte.

Was hat Gregor erreicht? Noch immer weichen die Urteile der Historiker über seine Reformpolitik stark voneinander ab. Ein Beispiel: Horst Fuhrmann nennt Gregor einen wirklichkeitsfremden Hierokraten, und im selben Jahr (1987) charakterisiert Ferdinand Seibt ihn als genialen Diplomaten. Erst 1606, ein gutes halbes Jahrtausend nach seinem Tod, wurde Gregor heiliggesprochen, und erst 1728 wurde ihm die Ehre der Altäre zuerkannt. Auch der König und jetzt endlich Kaiser Heinrich IV. wurde seines taktischen Sieges nicht froh. In seinem Sohn Heinrich erwuchs ihm ein größerer Widersacher, der ihn schließlich entthronte. Heinrich senior konnte zwar fliehen, starb aber kurz darauf, im Jahr 1106. Seine fünfzig Königsjahre haben sich für uns verkürzt auf die drei Tage von Canossa, und Canossa überlebt im Grunde nur in der sprichwörtlichen Redensart „nach Canossa gehen", die heute kaum mehr besagt als „sich entschuldigen". Läge Canossa in Deutschland, wäre dort im späten neunzehnten Jahrhundert amensicher eine nationale Gedenkstätte errichtet worden, zur Erinnerung an ein markiges Kanzlerwort – und wir müßten uns eine Meinung dazu bilden. Das bleibt uns erspart.

Dennoch übersteht etwas das allgemeine Vergessen: eine Geste, deren Bedeutung von ihrer Unbestimmtheit zehrt. Durch Demut Milde erpressen – ist es das? Oder eher Reue heucheln, Gnade erschleichen? Gleichviel. Das abendländische Thema der Clementia klingt an, und es scheint fast so, als führe der Weg von Senecas Fürstenspiegel „De clementia", diesem beschwörenden Brief an den jungen Kaiser Nero, zu Mozarts Oper „La Clemenza di Tito", auf einem Seitenpfad über Canossa: Canossa nicht als *exemplum virtutis* verstanden, sondern als Rätselbild, an dem sich die Kasuistik von Demut, Täuschung und Gnade exemplifizieren läßt. Und von Würde, Würde in der Erniedrigung.

Theodor Wolff, der exzellente Kommentator der Wilhelminischen und der Weimarer Zeit, verwies auf Canossa, als er über eine ganz andere und doch verwandte Geste schrieb: Graf Brockdorff-Rantzau, der Außenminister der Weimarer Republik und Leiter der Delegation, die von den Siegermächten nach Versailles beordert worden war, um das Dokument des Friedensvertrages entgegenzunehmen, hatte auf Clemenceaus bellende Rede zu antworten, und die Sensation war, daß er „bei der Verlesung auf seinem Platze sitzen blieb. Das nannte man Verletzung der Anstandspflichten und hatte doch eine Regung des Respekts und die Empfindung, daß da ein Besiegter nicht klein gewesen sei."

Frankfurter Anthologie

Redaktion: Marcel Reich-Ranicki

Unbekannter Verfasser

Zweiter Merseburger Zauberspruch

Phol ende Wuodan   vuorun zi holza.
du wart demo Balderes volon   sin vuoz berenkit.
thu biguol en Sin[th]gunt,   Sunna era swister;
thu biguol en Friia,   Volla era swister;
thu biguol en Wuodan,   so he wola conda:
sose benrenki,   sose bluotrenki,
    sose lidirenki:
ben zi bena,   bluot zu bluoda,
lid zi geliden,   sose gelimida sin.

RUTH KLÜGER

So fing es an

Über: *Unbekannter Verfasser, Zweiter Merseburger Zauberspruch*

Zaubern kann nur die Dichtung. *Und die Welt hebt an zu singen/Triffst du nur das Zauberwort,* behauptet der Romantiker. Der vorliegende Spruch versetzt uns in eine Zeit, als das Wünschen noch half. Damals, vor mehr als tausend Jahren, war der Zauberer kein Seelen-, sondern eher ein Pferdearzt. Er beschwor die reale Welt im Namen des heilenden Gottes.

Wer sich mit ein wenig Geduld in diese Verse versenkt, wird sich wundern, wie der uralte Heidenspruch mit geringer Nachhilfe verständlich und sogar liebenswert wird. Da „fuhren" beziehungsweise ritten zwei in den Wald, der Gott Wuodan (auch Wotan oder Odin) und ein anderer namens Phol. Wer war Phol? Haben wir etwas in der Schule verschlafen?

Keine Sorge, die Philologen wissen es auch nicht. Vielleicht ist es ein Beiname Blazers, der im nächsten Stabreim unvermutet auftaucht, doch ist dieser Baller eventuell nur ein Wort für „Herr". Sicher ist, daß eines der Pferde sich den Fuß verrenkt. Plötzlich sind bekannte und unbekannte Göttinnen zur Stelle (auch hier kennt sich die Germanistik nicht so gut aus), die eine scheint die Schwester der Sonne zu sein, und der Name Freia ist ein Anhaltspunkt. Man schart sich um das Fohlen und redet auf das Tier ein, wie man eben sprichwörtlich auf ein krankes Pferd einredet. Jede der Frauen „bespricht" oder „beschreit" es (das Wort *biguol* ist uns im modernen Englisch als „to beguile" geblieben, doch die Wort-Heilung gelingt erst, als der höhere Gott Wuodan, „der es wohl verstand“ oder „gut konnte“, eingreift.

Das alles ist Vorspann. Der mythologisch-historische Fall wird beschworen, damit sich die damals gelungene Heilung wiederhole. Erst jetzt kommen die eigentlichen Worte des Spruchs, der den Zauber bewirkt, und hier schlägt die deutsche Lyrik, die wir kennen, denn sicher gab es vorher vieles, was kennenswert wäre, wenn wir es nur hätten, die Augen auf.

Wer diese Verse lobt, gerät leicht in den Verdacht der Deutschtümelei, den uns eine nationalistische ältere Germanistik, die solche „Denkmäler“ zu überschätzen pflegte, eingehandelt hat. Eine nüchterne Forschung meint heute, solche Sprüche „gehören zum Bodensatz einer spätantikgermanisch-christlichen Mischkultur“, und behandelt sie, wie die Herausgeber Walter Haug und Benedikt Konrad Vollmann, als „abgesunkenes Gut“.

Lyrik muß aber nicht originell sein, um uns anzusprechen. In den letzten Stabreimen verlassen wir die Aufzählung von Göttern und Göttinen, die alle dasselbe tun, und widmen uns einer feierlichen Aufrufung dreifach ramponierter Körperteile, die etwas vom Kinderreim unserer ersten Begegnung mit Gedichten hat; wie man noch heute Kindern, die sich weh getan haben, beschwichtigend Formelhaftes mit Erfolg vorsagt oder vorsingt. Wenn man die halb fremden, halb bekannten Worte laut ausspricht, merkt man gleich den Unterschied zur Übersetzung in moderne Prosa: Da wird aus *bena* (Bein, Gebein) unser knirschendes Wort „Knochen“. Doch Goethe, als Wissenschaftler der Entdecker des Zwischenkieferknochens, steht als Dichter nicht im Knochen-, sondern „im ernsten Beinhaus“, bei der Betrachtung eines Schädels, der vielleicht Schillers war.

Unter den verschiedenen „Verrenkungen“ (Knochen-, Blut- und Gliederverrenkungen) können wir uns im heutigen Deutsch nichts Rechtes mehr vorstellen, doch im Original weisen sie auf Verletzungen hin, von denen wir gar nicht so genau wissen wollen, was es damit auf sich hat. Worauf es ankommt, ist, daß Gleiches wieder zu Gleichem findet, Knochen zu Knochen, Blut zu Blut, Glied zu Gliedern: das tröstet. Oder man vergleiche die Beschwörungsformel *sose gelimida sin* mit „wie geleimt sollen sie sein“, und man erkennt, warum sich die kleine Anstrengung mit dem Original gelohnt hat. Unverkennbar ist die leichte Rauschwirkung, die von gebundener Sprache ausgehen kann.

So also hat's angefangen. Im naiven Vertrauen auf die Macht der richtigen Wörter hat sich unsere Muttersprache zuerst zu Dichtung verdichtet. Mögen Wuodan und der mysteriöse Phol noch weitere tausend Jahre *zi holza* reiten, beschützt von unserem wohl leider unwirksam gewordenen Segen.

„Frühe deutsche Literatur und lateinische Literatur in Deutschland 800–1050“. Hrsg. Walter Haug und Benedikt Konrad Vollmann. Deutscher Klassiker Verlag, Frankfurt am Main 1991. 1593 S.

Loris Sturlese

Die Berechnung Gottes

Hermann „der Lahme“ von Reichenau

Im elften Jahrhundert nannte man die Dinge beim Namen, ohne Floskeln und Verschönerungen. Als man daher sah, was Hermann, dem Sohn des Grafen von Altshausen zugestoßen war, tat man die Angelegenheit nicht wohlwollend als „körperliche Behinderung“ ab, sondern man sagte, worum es ging: Der Junge war zu einem Krüppel geworden, zu Hermann, „dem Lahmen“. Amyotrophische Lateralsklerose heißt heute diese Krankheit. Sie ist selten und unheilbar. Die Gehirnfunktionen bleiben intakt, aber die Muskeln verkümmern rapide, bei den Extremitäten beginnend. Wenn schließlich das Atemsystem erreicht wird, kommt der Tod durch Erstickung. Nur in wenigen Fällen, aus noch unbekannten Gründen, verlangsamt sich die Entwicklung der Krankheit bei jüngeren Patienten derart, daß der Betroffene über Jahrzehnte weiterleben kann. Er bleibt aber an den Rollstuhl gefesselt. Ein berühmter britischer Wissenschaftler lebt seit vielen Jahren in dieser schwierigen Lage. Er kann heute sein Unglück durch den Gebrauch raffinierter Instrumente lindern. Aber womit konnte sich der junge pflegebedürftige Hermann in den zwanziger Jahren des elften Jahrhunderts helfen?

Da waren vor allem die mönchischen Tugenden der Nächstenliebe und Barmherzigkeit gefragt. Hermann, der im Jahre 1020 als siebenjähriger wahrscheinlich noch gesunder Knabe im Benediktinerkloster auf der Reichenau als Oblatus empfangen worden war, wurde von den Benediktinern nicht im Stich gelassen. Sie boten ihm nicht nur tägliche Pflege, sondern sogar Unterricht an. Ein erfinderischer Bruder bastelte einen tragbaren Sattel zusammen, auf dem der Lahme von Raum zu Raum transportiert wurde. Am häufigsten führte der Weg zur Klosterbibliothek. Denn vom gelehrten Abt Berno hatte Hermann das Lateinlesen und die Grundlagen des damaligen Wissens gelernt. Der arme Krüppel, auf dessen Leben man kaum einen Heller gesetzt hätte, ging seinen irdischen Weg mit eisernem, zähen Willen und mit Hilfe Gottes gut einundvierzig Jahre. Als er anno 1054 starb, war er als Historiker, Philosoph und Naturwissenschaftler bereits weltberühmt geworden.

Daß sich ein Benediktiner als Chronist und Historiker betätigte, war damals an und für sich nichts Außergewöhnliches. Im elften Jahrhundert suchte jeder fromme Mensch nach Zeichen des Jüngsten Gerichts, aber nicht alle begnügten sich damit, dubiose Berichte über das Auftauchen von zweiköpfigen Schweinen und würfelförmigen Eiern aufzuzeichnen. Hermann zog es vor, die allgemeine Heils- und Weltgeschichte zu betrachten, gemäß der besten Tradition des Benediktinerordens. Die Benennung Philosoph („novus philosophus") war für ihn insofern geeignet, als sie um die erste Jahrtausendwende noch nicht den staatsbesoldeten Spezialisten eines universitären Faches, sondern einen Gelehrten bezeichnete, der Wissen und Weisheit und natürlich deren Quelle, Gott, liebte. War nicht jeder Mönch in diesem Sinne ein Philosoph?

Doch war Hermann ein ziemlich eigenartiger Philosoph. Das Wissen, das ihn interessierte, war ganz besonderer Art. Auf seinen tragbaren Sattel gefesselt, beschäftigte er sich mit astronomischen Instrumenten, mit deren theoretischen Grundlagen und im besonderen mit der Frage, ob und wie eine genaue Bestimmung der Zeit möglich sei. Ein islamisches Gerät – das Astrolab – schien als Zeitmessungsinstrument besonders vielversprechend zu sein. Er sammelte die wissenschaftliche Literatur und wurde von der Ungenauigkeit und der Widersprüchlichkeit enttäuscht. Das erste Desiderat war, in der Materie Ordnung zu schaffen. Dies konnte nur durch ein neues einfaches, klares Buch erfolgen. So entstand der Plan zu einem der bedeutendsten Sachbücher des Mittelalters, Hermanns Schrift „Über das Astrolab".

Wenn ein Gelehrter im Mittelalter über Geräte dissertieren wollte, nahm er an erster Stelle Bücher in die Hand, nicht die entsprechenden Instrumente. Es war die Theorie, welche eventuelle Anwendungen begründen sollte, nicht umgekehrt. Hermann sah hingegen bald ein, daß es sinnlos war, über das Astrolab zu schreiben, ohne sich mit einem konkreten Gerät vertraut zu machen. Man kann sich den Aufwand vorstellen, den er, mitten auf dem Kontinent und ohne jede Bewegungsfreiheit, aufbringen mußte, bis er die glitzernde Scheibe aus dem islamischen Spanien auf dem Tisch hatte. Ob er selbst mit dem Gerät arbeiten konnte oder aufgrund seiner Krankheit einem helfenden Bruder Anweisungen gab, weiß man nicht.

Das Astrolab selbst ist kein Instrument für Anfänger. Es besteht auf der einen Seite aus einer Einlegescheibe, in deren oberer Hälfte das System der parallelen und azimutalen Kreise für die geographische Breite des Beobachters nach stereographischer Projektion eingezeichnet ist. In der unteren Hälfte der Scheibe sind die Stundenkurven eingraviert: Sie bezeichnen nicht unsere immer gleichen vierundzwanzig Äquinoktialstunden, sondern die zwölf nach geographischer Breite unterschiedlich langen Stunden des Tages und der Nacht. Auf der Scheibe, welche der geographischen Breite des Benutzers angepaßt werden soll (wobei zum Beispiel Reichenau die Zeichnung und das Einlegen einer anderen Scheibe als etwa Toledo oder London verlangt), dreht sich das sogenannte „Spinnennetz", ein festes System von

Spitzen, die die Position der wichtigsten Fixsterne anzeigen. Die exzentrische Drehung des Spinnennetzes reproduziert die tägliche Bewegung des Fixsternhimmels.

Auf der anderen Seite des Geräts dreht sich eine Visiereinrichtung, durch die ein Stern oder die Sonne angepeilt werden kann. Wenn man das Astrolab frei herabhängen läßt, ist die Höhe des angepeilten Sterns auf einer graduierten Skala abzulesen. Der Winkel zwischen Horizontallinie, Beobachter und Stern wird auf dem Gerät für den entsprechenden Stern und die entsprechende Jahreszeit eingestellt, und die Uhrzeit kann abgelesen werden. Wie die Position des Sternenhimmels Aufschluß über die Uhrzeit in einer Breite gibt, so ist es umgekehrt möglich, aus der Uhrzeit von jemandes Geburt die damalige Position des Firmaments zu rekonstruieren. Das Astrolab erweist sich als ein unersetzbares Instrument für die Zeitmessung – und für die Herstellung von Horoskopen.

Man sieht, auf was für ein kompliziertes Gerät Hermann sich eingelassen hatte. Im ersten Teil seines Buches beschreibt er die verschiedenen Teile des Geräts und lehrt, wie die vielen Kreise, die Kurven und Geraden gezeichnet werden sollen. Und vor allem: ihm lag ein mediterranes Astrolab vor. Er mußte alle Kurven der Einlegescheibe für eine mitteleuropäische Breite neu berechnen: eine wissenschaftliche Meisterleistung. Nachdem er seine Aufgabe glänzend absolviert hatte, nahm er sich vor, die Bauanleitung mit einer Gebrauchsanweisung zu vervollständigen, dem Abschnitt über den „Nutzen des Astrolabs“.

In den finsteren Jahrhunderten des Mittelalters verfuhren die Wissenschaftler mit den Werken ihrer Vorgänger nicht gerade zimperlich. Mit souveräner Gelassenheit nahm Hermann eine ihm vorliegende Schrift aus der Schule Gerberts von Aurillac, paßte sie, wo es nötig war, den Lehren an, die er im ersten Teil über den „Bau des Astrolabs“ entwickelt hatte, und legte sie diesem ersten Teil seines Buches bei. Der Abschnitt behandelte die Funktionen der Astrolabteile und die entsprechende arabische Nomenklatur, die Sterne des Spinnennetzes, die Technik der Uhrzeitbestimmung und schließt mit Kapiteln über die Tageseinteilung und über die geographische Breite ab.

Dann wagte sich Hermann an ein anderes wissenschaftliches Problem heran. Er hatte festgestellt, wie leicht sich mit Hilfe des Astrolabs die Gradhöhe errechnen läßt, die die Sonne auf einer bestimmten geographischen Breite erreicht. Warum nicht diese Daten auf eine Tabelle bringen und eine tragbare Sonnenuhr entwickeln? Anhand eines geistreichen geometrischen Diagramms verwandelte Hermann die Gradzahlen in proportionale Teilstrecken und übertrug sie senkrecht auf das Säulchen einer Sonnenuhr mit drehbarem waagrechten Schattenstab. Ein solches einfach herzustellendes Gerät für die Zeitmessung fand eine bemerkenswerte Verbreitung und tat als „Hirtenuhr" seine Dienste über Jahrhunderte. Bereits im elften Jahrhundert und dank des Erfindungsgeistes eines lahmen Mönches wurde „die exakte Zeitmessung über die Klausur der Schriftkundigen hinaus in den Alltag mobiler Laien übertragen" (Arno Borst). Die epochemachenden Folgen dieser Erfindung sind noch zu erforschen.

Hermann arbeitete bis zum Tod an seinem Sachbuch, das in einem letzten Teil auch besonders feinsinnig das Problem des Durchmessers der Erde behandelt, und das Werk wurde als ein geschlossener Textkomplex erst von seinen Schülern in Umlauf gebracht. In der europäischen „scientific community" des elften Jahrhunderts fand die Arbeit Hermanns Anklang und Verbreitung. Allerdings bestand die damalige Kirche nicht nur aus aufgeklärten Bischöfen, aus an naturwissenschaftlichen Fragen interessierten Domschuldirektoren und aus mit astronomischen Geräten gierig hantierenden Benediktineräbten.

Gerade in der Zeit, als Hermann aus seinem Tragsattel die astrolabischen Beobachtungen seiner Helfer dirigierte, brach in seinem Orden eine fundamentalistische antiwissenschaftliche Bewegung aus. Immer lauter wurden die Schreie gegen die Neugierigen, die curiosi, die sich mit heidnischen Instrumenten beschäftigten. Die durch Hermann so erfolgreich vertretene Richtung wurde rasch zum Verstummen gebracht. Es blieb, wie es sich für das finstere Mittelalter gehört, ein Haufen zerstreuter Handschriften und eine fromme und grausame Legende: „Man liest von diesem Hermann, daß er der Sohn eines Königs und einer Königin war. Als seine Mutter schwanger wurde, wurde sie von Gott gefragt, ob sie lieber einen intelligenten, aber lahmen und grundhäßlichen Sohn bekommen wolle, oder einen Sohn, der dumm und außergewöhnlich schön sei. Sie antwortete, sie wolle lieber einen häßlichen, aber intelligenten bekommen. Hermann wurde nach dem Wunsch der Mutter geboren."

Hermannus Contractus: „Über das Astrolab". Eine zuverlässige Ausgabe existiert noch nicht. Arno Borst arbeitet an ihr seit vielen Jahren. Bis zum Erscheinen ist man auf die Handschriften angewiesen; eine der besten ist der Codex der Bibliothèque de France, nouv. acq. lat. 229.

Thomas Steinfeld

Der Ritter der leeren Leidenschaft

Tausend Jahre und ein Buch: Denis de Rougemonts Erklärung des Abendlandes

Ein Jahr vor dem Zweiten Weltkrieg, kurz nach dem Münchner Abkommen, veröffentlichte der Schweizer Publizist Denis de Rougemont in einem Pariser Verlag ein „Journal aus Deutschland". Es war das Tagebuch, das der Autor während seiner Zeit am Institut für Romanistik an der Universität Frankfurt geführt hatte. Seine Aufzeichnungen wurden ihm zu einer Studie über den Totalitarismus, und er, obwohl überzeugter Europäer und Demokrat, war doch gefesselt von dem, was er in Deutschland sah. „Ich habe das Ächzen der Liebe aus der Seele der Massen vernommen, das dumpfe und machtvolle Ächzen einer Nation, die besessen ist von dem Mann mit dem ekstatischen Lächeln." Lange noch galt Denis de Rougemont als Vordenker des Regimes von Vichy.

Ein Jahr nach dem „Journal" veröffentlichte Denis de Rougemont, angeregt durch einen Auftrag seines Freundes Roger Caillois, eine große geschichtsphilosophische Studie, in der jene Faszination nachklingt. Doch als das „Journal" im vergangenen Jahr zum ersten Mal auf deutsch erschien und man sich hierzulande fragte, wie man diesen Autor übersehen konnte, zog keiner die Verbindung zu dessen historischem Hauptwerk. „Die Liebe und das Abendland" ist in Deutschland ein gründlich vergessenes Buch. Im Jahr 1966 auf deutsch erschienen, wurde es zuletzt 1987 als Taschenbuch und zum ersten Mal vollständig publiziert. Nun ist es seit acht Jahren vergriffen. Der Autor ist 1985 im Alter von neunundsiebzig Jahren gestorben.

„Die Liebe und das Abendland“ ist das Buch eines begnadeten Dilettanten und ein einziger großer Wurf. Erzählt wird die Geschichte des ganzen Jahrtausends, an einem einzigen roten Faden, der als Erklärung für alle bedeutenden Ereignisse seit dem Beginn des europäischen Mittelalters dienen soll: Die Geschichte des Abendlandes ist die Geschichte der Liebe – die Geschichte der Liebe zur Liebe. Dieses Motiv ist tragisch, so tragisch, daß der Autor mehr als einmal Visionen der großen Katastrophe entwirft, die auf die europäische Zivilisation zukommen sollte – zuerst die totalitären Systeme, dann im Atomkrieg.

Zwei Bücher können Denis de Rougemonts Werk an die Seite gestellt werden: Das eine ist, in seinem Einzelgängertum und der spekulativen Kraft wegen, Oswald Spenglers zwischen 1919 und 1922 veröffentlichter „Untergang des Abendlandes“ – auch dies ein Versuch, die ganze Welt aus einer Idee abzuleiten. Das andere ist Ferdinand Braudels zum ersten Mal 1949 publizierte historische Studie über das „Mittelmeer“ – ein wissenschaftliches Werk, gewiß, aber eines, das keine Mächte, sondern den geographischen Raum zum Helden hat. Vom Methodischen her mag „Die Liebe und das Abendland“ zwischen beiden Büchern liegen, weniger in die Spekulation verstiegen als Spengler, weitaus versponnener als Braudel.

Denis de Rougemont erzählt von der europäischen Geschichte als von einer Literatur: „Die Begeisterung, die wir für den Roman und den Film, der aus diesem Roman entstanden ist, zeigen, die idealisierte Erotik, die sich durch unsere ganze Kultur, unsere Erziehung, die Bilder, die unser Leben verschönern, hindurchzieht, endlich das verzweifelt gewordene Bedürfnis nach einer Ausflucht, hervorgerufen durch den Überdruß an unserer technisierten Welt, alles in und um uns verherrlicht die Leidenschaft in einem solchen Maße, daß wir dahin gekommen sind, in ihr eine Verheißung eines lebendigen Lebens zu sehen, eine Macht, die verklärt, etwas, was jenseitig von Glück und Leiden liegt, eine glühende Glückseligkeit." Am Anfang dieser Geschichte steht die Sage von Tristan, der „große europäische Mythos vom Ehebruch". Dann folgen Dante und Petrarca, Cervantes und Shakespeare, Racine und der Marquis de Sade, Stendhal und Richard Wagner, und nie werden die Werke als Belege behandelt, in denen sich eine intellektuelle Strömung nur spiegelt.

Stets muß aus ihnen die innerste Stimme ihrer Zeit sprechen. Die Geschichte ist, buchstäblich, ein Roman – und wer nicht daran glaubt, weil er den geschichtsphilosophischen Idealismus dieser Konstruktion durchschaut, dem bleibt immerhin das Vergnügen, auch das Buch von Rougemont wie einen Roman lesen zu können. Über die manchmal unglückliche Liebe des Autors zum Aphorismus, über seine Neigung, einfache Sätze in Kunsthonig zu meißeln, kommt man leicht hinweg.

„Die glückliche Liebe hat keine Geschichte. Es gibt Romane nur von der Geschichte, die zum Tode führt, von der bedrohten und vom Leben selbst verdammten Liebe." Ihr Held entsteht gegen Ende des elften Jahrhunderts, hundert Jahre später hat er feste Gestalt angenommen: Tristan, der erste Ritter einer Leidenschaft, die den Tod will und in einem verklärenden Tod ihren Sieg feiert, die dunkelste Gestalt der abendländischen Kultur. Er bricht die Regeln seines Standes, er zerstört das Gesetz der Ehe, und all das tut er nicht, weil er tatsächlich mit Isolde zusammenleben möchte. Als König Marke die beiden schlafend in ihrem Waldversteck findet, liegt Tristan blankes Schwert zwischen ihnen. Isolde ist keine Frau, die man heiraten kann. „Tristan und Isolde lieben sich nicht", erklärt Denis de Rougemont, „was sie lieben, das ist die Liebe, ist das Lieben selbst... Sie bedürfen einander, um zu brennen."

Schnorr von Carolsfeld und Frau Malwine
als „Tristan und Isolde", München 1865

Auf diese Glut kommt es an. „Leidenschaftliche Liebe: Verlangen nach dem, was uns verletzt und uns durch seinen Triumph vernichtet. Das ist ein Geheimnis, das das Abendland niemals hat eingestehen wollen und das es stets von sich gewiesen – und bewahrt hat! Es gibt kaum ein tragischeres, und seine Beständigkeit verleitet uns dazu, über die Zukunft Europas ein sehr pessimistisches Urteil abzugeben." In dieser Glut verbirgt sich ein weltlich gewordenes Erlösungsversprechen, es ist profanierte Theologie und der Sündenfall einer Fleisch gewordenen Abstraktion, die sich im Sinken immer weiter ausdehnt – zwischen zwei Menschen, die sich nicht erreichen dürfen, fängt sie an, wird im Turnier zu einem politischen Ereignis, weitet sich zu Vaterlandsliebe und endet im totalen Krieg. Dort erschöpft sie sich – vielleicht. Daß nach dem Ende der leidenschaftlichen Liebe etwas anderes möglich sei, eine Rückkehr zur Vernunft und damit zur Ehe, gehört zu den vagen Versprechungen Rougemonts am Schluß seines Werkes.

In Frankreich, aber auch in den angelsächsischen Ländern fand das Buch viele Leser. Ein Jahr nach der Publikation des französischen Originals erschien es in den Vereinigten Staaten. T. S. Elliot, Wystan Hugh Auden und Jean-Paul Sartre haben sich darauf berufen, und es ist unübersehbar, daß die Theorien der Schrift und des Begehrens, die mit Roland Barthes zum Gemeingut der Geisteswissenschaften wurden, in „Die Liebe und das Abendland" einen Vorläufer gehabt haben. Jean Starobinski verweist auf die Verwandtschaft zwischen Denis de Rougemont und Gaston Bachelard und bekennt, die Idee, ein Buch wie dieses zu schreiben, habe ihn selbst ein Leben lang begleitet: „Ein dynamisches Modell, ein Stil, einen Gedanken so darzustellen, daß er die Lektüre eines historischen Textes mit einer gegenwärtigen Deutung verbindet. Ich glaube nicht, daß dieses Modell erschöpft ist." Tatsächlich hat es mehr als eine Generation französischer Intellektueller geprägt, weniger in seinem philologischen Kern als im Zugriff, so schnell und so fest, daß es den Eindruck völliger Souveränität erzeugt.

Um so zupacken zu können, muß man sich zum Komplizen seines Gegenstandes machen. Man muß ihn mit einer Begeisterung verfolgen, die sich in vieles versetzen kann. Tatsächlich wirkt Rougemont, selbst wenn er am Ende sogar von einem neuen „klassischen Zeitalter“ schwärmt, das die Bedeutung der Treue wiedergefunden habe, stets so, als bereite ihm die Leidenschaft viel größeres Vergnügen: „Jemandem, der uns nach unseren Literaturen beurteilt, mußte der Ehebruch als eine der bemerkenswertesten Beschäftigungen erscheinen, denen sich der Abendländer hingibt.“ Und Denis de Rougemont beurteilt das Abendland nach seiner Dichtung. Ohne diesen blinden Fleck ist die Leidenschaft für die Theorie offenbar nicht zu haben: Über den Grund, warum Tristan und Isolde beginnen, nicht einander, sondern die Liebe zu lieben, bis sie daran zugrundegehen, erfährt der Leser nichts. Würde er es erfahren, gäbe es dieses Buch vermutlich nicht.

Denis de Rougemont: „Die Liebe und das Abendland“. Erste vollständige deutsche Ausgabe. Aus dem Französischen übersetzt von Friedrich Scholz und Irène Kuhn. Diogenes Verlag, Zürich 1987. 482 S. Das Buch ist nur noch über das Antiquariat zu beziehen.

Andreas Platthaus

Rückkehr in die Normandie

Europa und die Ikonographie der Invasion: Der Teppich von Bayeux, die Landung von 1944

Unser Jahrtausend wird eingerahmt von zwei Invasionen: einmal derjenigen von Herzog Wilhelm, der sich am 27. September 1066 mit seinen normannischen Truppen einschiffte, um die Herrschaft in England zu erobern, und schließlich derjenigen vom 6. Juni 1944, als die alliierten Soldaten die Rückeroberung Frankreichs begannen. Die erste Invasion verkehrte sich nahezu neunhundert Jahre später in ihr geographisches Gegenteil: Wilhelm war Herrscher der Normandie und setzte mit seinen Schiffen von seinem Herzogtum über den Ärmelkanal nach Pevensey über, während die britisch-amerikanischen Truppen ihren Ausgangspunkt von der englischen Südküste zwischen Ipswich und Bristol nahmen, als sie mit Landungsbooten in umgekehrter Richtung zur Normandie aufbrachen.

Im Jahr 1066 war England durch Wilhelm gewaltsam nach Europa zurückgeholt worden. Die Personalunion von normannischem Herzog und englischem König band das Inselland zum ersten Mal seit der römischen Besatzungszeit wieder fest an den Kontinent. Die nachfolgenden jahrhundertelangen Auseinandersetzungen haben ihre Wurzeln im Streit um die Erblande, die Wilhelm als englischer König in Frankreich behielt und auf die sich seine Nachfolger auf dem Thron noch lange berufen sollten, nachdem Johann ohne Land 1204 die Normandie endgültig aus Frankreich verloren hatte. Erst im Jahr 1944 kehrten die Engländer gewaltsam dorthin zurück, diesmal allerdings als Befreier. Die

Verkehrung der ersten Invasion fand in dieser Hinsicht ihren Höhepunkt. Das 1066 durch Seemacht bezwungene Land wendete die Waffen im zwanzigsten Jahrhundert gemeinsam mit den Amerikanern gegen die längst von England losgelösten Gebiete, aus denen vordem die Eroberer gekommen waren – es ging gegen neue Eroberer, die sich in der Normandie festgesetzt hatten.

Die Invasion von 1944 ist blendend dokumentiert; die Amerikaner hatten wie an allen europäischen Kriegsschauplätzen spezielle Kamerateams, die nicht nur die Kinos in den Vereinigten Staaten mit Wochenschauaufnahmen zu beliefern hatten, sondern auch Filme für Marine und Armee erstellten.

Ganz anders und doch seltsam ähnlich liegt der Fall beim Heerzug Wilhelms des Eroberers. Die Bedeutung der Invasion von 1066 zeigt sich schon daran, daß zumindest zwei umfassende Quellen zum damaligen Geschehen auf uns gekommen sind, die beide bereits im ersten Jahrzehnt nach dem Ereignis angefertigt wurden. Es handelt sich um die „Gesta Guilelmi ducis Normannorum et regis Anglorum", eine Schilderung der Taten Wilhelms aus der Feder des Klerikers Wilhelm von Poitiers, und um den berühmten „Teppich von Bayeux", eine gewaltige Stickarbeit von siebzig Meter Länge und einem halben Meter Höhe, die in einer fortlaufenden Bilderzählung die Vorgeschichte und den Ablauf der Invasion berichtet. Beide Quellen sind aus der Siegerperspektive angefertigt, beide lassen trotzdem auch Licht auf die Verliererseite fallen. Es lag nicht im Interesse Wilhelms, die Ressentiments zwischen seinen Untertanen durch verfälschende Triumphdarstellungen zu vertiefen.

Dennoch dienen beide Quellen vornehmlich der Rechtfertigung der Invasion. Darin unterscheiden sie sich nicht von ihren späteren Nachfolgern im zwanzigsten Jahrhundert, in denen neben den eigentlichen Kampfhandlungen die Nazigreuel ebenso selbstverständlich Platz fanden wie die Feiern der französischen Bevölkerung nach dem Einmarsch der Alliierten. Der Unterschied besteht in der Chronologie der Rechtfertigung. Während die „Gesta“ und der Teppich bereits in der Vorgeschichte die Ursache für Wilhelms Angriff erkannten, fanden die Amerikaner und Briten die Notwendigkeit ihres Heerzugs vor allem nach dem Sieg bestätigt. Die enthüllten Verbrechen der Deutschen waren furchtbarer als erwartet, die gewaltigen Opfer der Invasion somit mehr als gerechtfertigt. Hier wurde die Rechtfertigung durch eine noch größere moralische abgelöst.

Die Erzählung diente nur einem Herrn

Die Rechtfertigungsstrategie aber wurde dadurch dieselbe: Einem Usurpator mußte entgegengetreten werden, der das Recht mit Füßen trat. Der Teppich von Bayeux erzählt mehr als nur die Geschichte eines Krieges, er erzählt vor allem vom Grafen von Wessex, der später kurzzeitig als König Harold II. über England herrschte und in der Schlacht bei Hastings von Wilhelms Truppen besiegt und getötet wurde. Seit 1051, so will es die normannische Überlieferung, hatte der kinderlose König Edward der Bekenner den englischen Thron seinem Vetter Wilhelm, dem Herzog der Normandie, versprochen. Der Teppich setzt mit seiner Handlung dreizehn Jahre später ein, als Edward angeblich den Grafen von Wessex zu seinem normannischen Cousin sandte, um diesem dem Treueschwur zu leisten. Nach der Landung in Frankreich soll Harold vom Grafen Guy von Ponthieu gefangengenommen worden sein, bis Herzog Wilhelm seinen Nachbarn bewegen konnte, den Engländer wieder freizulassen. Durch diese Tat, daran läßt der Teppich keinen Zweifel, ist Harold dem Herzog verpflichtet.

Auf Heerzügen gegen die verfeindeten Bretonen streitet Harold nun an der Seite Wilhelms und wird von diesem zum normannischen Ritter geschlagen. Ein Lehnsverhältnis nach kontinentaler Sitte ist begründet, das in der Kathedrale von Bayeux durch heilige Eide seitens Harolds bekräftigt wird. Dieser Akt wiederum entspricht angelsächsischer Tradition, die statt der Belehnung, die ein Unterordnungsverhältnis begründete, das Versprechen eines Freien vorsah, seinem König zu dienen. Hier bemüht sich der Teppich um eine Darstellung, die beiden Untertanengruppen im Reich Wilhelms deutlich machen mußte, daß Wilhelm von diesem Moment an auf Harolds Treue bauen durfte. Die Betonung des Ortes dieser Eidesleistung wie die mehrfache Darstellung des Bischofs Odo von Bayeux in der Bildgeschichte machten es zur Gewißheit, daß der Teppich als Wandschmuck für die 1077 erneuerte Kathedrale gestickt wurde, in der er bis ins letzte Jahrhundert hinein auch aufbewahrt worden ist. Im Jahr 1025 hatte die Synode von Arras beschlossen, in den Kirchen die Anbringung von Bildteppichen zu billigen, um auch den Lateinunkundigen unter den Gläubigen die Heilige Schrift vermitteln zu können.

Daß das einzige überlebende Beispiel dieser Lehrzyklen profanen Inhalts ist, verdankt sich vermutlich die Wichtigkeit des darauf erzählten Ereignisses. Spätere Jahrhunderte hielten den Teppich seines Inhalts wegen genauso in Ehren: Napoleon ließ ihn 1803, während der Vorbereitungen für eine Invasion Englands, für einige Monate nach Paris überführen und soll seinem Studium lange Zeit gewidmet haben.

Die nächsten prospektiven Invasoren erreichten Bayeux 1940. Auch den damals dort stationierten deutschen Soldaten, die den Beginn des „Operation Seelöwe" getauften Angriffs auf die Britischen Inseln erwarteten, wurde der Teppich wiederholt vorgeführt. Der spirituelle Gewinn blieb bei Napoleon und den Nazis aus; beide Invasionen wurden nie begonnen. Die einzigen Krieger, die sich des Wandbehangs praktisch bedienen wollten, waren freiwillige Revolutionssoldaten, die im Jahr 1792 kurzerhand alle Textilien der Kathedrale von Bayeux konfiszierten, um damit ihre Transportwagen für den Weg an die Front abzudecken.

Nur das Einschreiten eines in der Stadt angesehenen Anwalts rettete damals das empfindliche Relikt, das zwei Jahre später von einer revolutionären Kunstkommission unter ihren besonderen Schutz genommen wurde, nachdem es kurz zuvor beinahe nocheinmal zerstückelt worden wäre, um den städtischen Festwagen für einen Umzug zu schmücken. Das noch aus dem Ersten Weltkrieg stammende Propagandawort vom „perfiden Albion" fand im Teppich von Bayeux in deutschen Augen Bestätigung: Anlaß für Wilhelms Invasion ist seiner Darstellung gemäß jedenfalls der Eidbruch Harolds. Als Edward der Bekenner am 6. Januar 1066 starb, ließ sich der nach England zurückgekehrte Graf zum König akklamieren und noch am Todestag seines Vorgängers krönen. Der aus normannischer Sicht um seinen Thron betrogene Wilhelm rüstete noch im Frühjahr ein Heer aus und ließ Schiffe bauen. Die akribische Wiedergabe dieser Vorbereitungen in der Stickarbeit ist ein einmaliges Dokument der dabei angewandten Handwerkstechniken. Sechs Wochen lang mußte dann die fertig ausgerüstete Armee auf günstiges Wetter warten, bevor sie in der Nacht vom 27. auf den 28. September nach England übersetzen konnte.

Die Ausschiffung des alliierten Heeres 1944.
Über die Ausfallklappe am Bug waten die Soldaten
ins hüfttiefe Wasser.

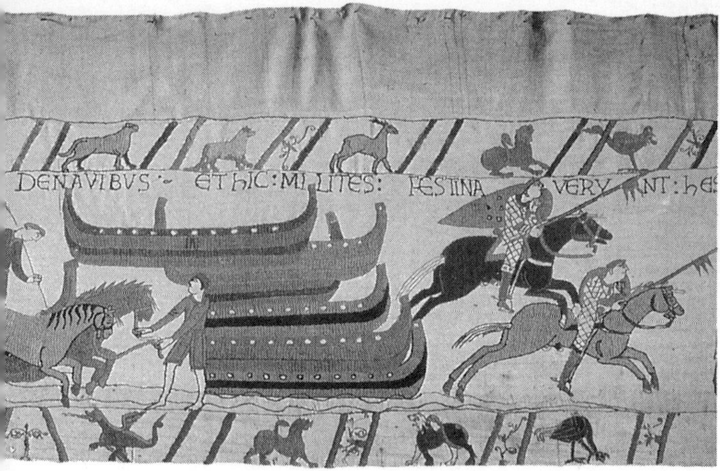

Kriege werden von demjenigen gewonnen,
der die stärkeren Bataillone und die besseren Waffen hat.
Die Ausschiffung des normannischen Heeres 1066:
Die Soldaten entladen die Pferde in knietiefem Wasser.
Ausschnitt aus dem Teppich von Bayeux.

Die Vorsehung kennt kein schlechtes Wetter

Auf die Zeit des Wartens erst in der Normandie, dann in Südengland, verwendet der Teppich kein einziges Bild. Die Abhängigkeit der Normannen von der Gunst der Natur hätte Zweifel an der göttlichen Rechtfertigung ihrer Mission wecken können. Dem unerwarteten Erscheinen des Halleyschen Kometen einen Monat nach Harolds Inthronisation dagegen eine eigene Sequenz – galt die Himmelserscheinung doch als Unglücksbote, der die Strafe für den Eidbruch angekündigt hatte; in Paris hatte man 1803 eine ähnliche Himmelserscheinung als gutes Omen für Napoleons Invasionspläne gedeutet.

Dem selektiven Erzählen in der mittelalterlichen Bildchronik entspricht die Aufbereitung der Invasionsereignisse von 1944 in den Filmen der US Army. Auch die alliierten Truppen lauerten an der englischen Küste auf geeignetes Wetter für die Passage über den Ärmelkanal. Noch am 5. Juni war der ursprüngliche Termin für die Invasion aufgeschoben worden, weil ein weitgehend gefahrloser Transport der Soldaten mit den flachen Landungsbooten angesichts der Frühjahrsstürme unmöglich war. Über die Wartezeit wie über die langwierigen Befestigungsarbeiten nach der Landung gehen auch die amerikanischen Dokumentationen hinweg. Ihre Dramaturgie gleicht der des Teppichs von Bayeux: Die langwierige Vorbereitung wird gezeigt; die Filme beginnen mit Einstellungen auf die Schiffe, mit Aufnahmen von deren Beladung und der Einschiffung der zahllosen Soldaten. Doch dann erfolgt der Sprung zur Überfahrt, und die kleinen Boote mit dem Panzerplattenschutz an der Front und den Seiten, die jeweils etwa dreißig Mann aufnehmen konnten, ähneln wieder der entsprechenden Sequenz des Teppichs: Eine Flotte kleiner Gefährte ist da eingeschwebt, seitlich und frontal mit Schilden geschützt, mit wenigen Soldaten bemannt. Die Forschung bezifferte die Zahl der normannischen Schiffe auf wahrscheinlich zweihundert. Da Wilhelm schätzungsweise siebentausend Bewaffnete anführte, ergibt sich ein ähnliches Besatzungsverhältnis wie 1944, nur daß dann 5134 Seefahrzeuge den Kanal überquerten.

Die Überlegenheit der Sieger von 1066 und derjenigen von 1944 gründete auf denselben Faktoren: der Schnelligkeit der Bewegung und der Distanzwirkung ihrer Ausrüstung. Die Normannen führten Pferde gegen die Fußtruppen der Engländer ins Feld, die Amerikaner und Briten schifften über ihren Brückenkopf an Omaha Beach Panzer und Lastwagen nach Frankreich ein. Den Bombenteppichen, die die alliierte Luftwaffe zum Schutz ihrer vor-

1944 faßten die Landungsboote etwa dreißig Mann.

Auch Wilhelms Schiffe boten wohl rund dreißig Mann Platz. Der Teppichdarstellung genügen acht.

rückenden Landeinheiten über das vorgelagerte Terrain legte, entsprachen die Pfeilwolken, mit denen die Normannen ihre englischen Gegner belegten. Auf den Bordüren des Teppichs, die bis zum Beginn der Schlacht von Hastings nur Alltags- und mythologische Szenen zeigen, marschieren plötzlich die normannischen Bogenschützen voran, deren Durchschlagekraft verheerend gewesen sein muß.

Trotz Überlegenheit stand der normannische Erfolg aber genauso auf Messers Schneide wie später der alliierte. Erst in der vierten Angriffswelle fiel König Harold; erst der Durchbruch durch die deutsche Verteidigungslinie an der Küste nach vierstündigem vergeblichen Anrennen brachte die Invasoren von 1944 in die entscheidende Stellung, die die Anlage des Brückenkopfs gestattete. Als der Filmregisseur Samuel Fuller, der als junger Soldat die Invasion mitgemacht hatte, zu deren fünfzigsten Jahrestag 1994 in die Normandie zurückkehrte, erinnerte er sich, daß die Entscheidung in dem Moment gefallen war, als ihre Truppen die Straße von Cherbourg nach Bayeux erreichten. Damit lag jene Stadt offen vor ihnen, wo ein neunhundert Jahre altes Textilstück die Erinnerung an die erste große Invasion des zweiten Jahrtausends bewahrt.

Die Autoren

MICHAEL BORGOLTE, geb. 1948, ist Professor für Mittelalterliche Geschichte an der Humboldt-Universität Berlin.

JOHANNES FRIED, geb. 1942, ist Professor für Mittelalterliche Geschichte an der Johann Wolfgang Goethe-Universität zu Frankfurt und Vorsitzender des Verbandes der Historiker Deutschlands.

MICHAEL JEISMANN, Dr. phil., geb. 1958, ist seit 1993 Redakteur der Frankfurter Allgemeinen Zeitung.

RUTH KLÜGER, geb. 1931, war Professorin für Germanistik an der Universität von Irvine/Kalifornien.

KARL MARKUS MICHEL, geb. 1929, lebt als freier Publizist in Berlin.

CHRISTIAN PFISTER, geb. 1944, ist Professor für Wirtschafts-, Sozial- und Umweltgeschichte an der Universität Bern.

ANDREAS PLATTHAUS, geb. 1966, ist Feuilletonredakteur der Frankfurter Allgemeinen Zeitung.

EBERHARD STRAUB, Dr. habil., geb. 1940, arbeitet als freier Journalist.

THOMAS STEINFELD, geb. 1954, ist seit 1994 Leiter des Ressorts Literatur in der Frankfurter Allgemeinen Zeitung.

LORIS STURLESE, geb. März 1948, ist Professor für Geschichte der Philosophie des Mittelalters an der Universität Lecce.

WILFRIED WIEGAND, Dr. phil., geb. 1937, ist Kulturkorrespondent der Frankfurter Allgemeinen Zeitung in Paris.

Bildquellennachweis

Berlin, Archiv für Kunst und Geschichte *S. 58, 64, 90f., 93 unten*
Frankfurt am Main, FAZ-Archiv *S. 90, 93 oben*
Frankfurt am Main, Ursula Edelmann *S. 52*
Marburg, Bildarchiv Foto Marburg, Deutsches Dokumentationszentrum für Kunstgeschichte *S. 26*
Marburg, Universitätsbibliothek *S. 40*
München, Süddeutscher Verlag *S. 82*